Lucía Riveros
Gustavo Luque

Alumnos extranjeros en la universidades argentinas

AF156405

Lucía Riveros
Gustavo Luque

Alumnos extranjeros en la universidades argentinas

Caracterización de los programas académicos destinados a los alumnos extranjeros

PUBLICACIONES UNIVERSITARIAS ARGENTINAS

Impresión
Informacion bibliografica publicada por Deutsche Nationalbibliothek: La Deutsche Nationalbibliothek enumera esa publicacion en Deutsche Nationalbibliografie; datos bibliograficos detallados estan disponibles en Internet en http://dnb.d-nb.de.
Los demás nombres de marcas y nombres de productos mencionados en este libro están sujetos a la marca registrada o la protección de patentes y son marcas comerciales o marcas comerciales registradas de sus respectivos propietarios. El uso de nombres de marcas, nombres de productos, nombres comunes, nombres comerciales, descripciones de productos, etc incluso sin una marca particular en estos publicaciones, de ninguna manera debe interpretarse en el sentido de que estos nombres pueden ser considerados ilimitados en materia de marcas y legislación de protección de marcas, y por lo tanto ser utilizados por cualquier persona.

Imagen de portada: www.ingimage.com

Editor: PUBLICACIONES UNIVERSITARIAS ARGENTINAS es una marca comercial de
Südwestdeutscher Verlag für Hochschulschriften GmbH & Co. KG
Heinrich-Böcking-Str. 6-8, 66121 Saarbrücken, Alemania
Teléfono +49 681 3720-271-1, Fax +49 681 3720-271-0
Correo Electronico: info@svh-verlag.de

Publicado en Alemania
Schaltungsdienst Lange o.H.G., Berlin, Books on Demand GmbH, Norderstedt,
Reha GmbH, Saarbrücken, Amazon Distribution GmbH, Leipzig
ISBN: 978-3-8454-6028-4

Imprint (only for USA, GB)
Bibliographic information published by the Deutsche Nationalbibliothek: The Deutsche Nationalbibliothek lists this publication in the Deutsche Nationalbibliografie; detailed bibliographic data are available in the Internet at http://dnb.d-nb.de.
Any brand names and product names mentioned in this book are subject to trademark, brand or patent protection and are trademarks or registered trademarks of their respective holders. The use of brand names, product names, common names, trade names, product descriptions etc. even without a particular marking in this works is in no way to be construed to mean that such names may be regarded as unrestricted in respect of trademark and brand protection legislation and could thus be used by anyone.

Cover image: www.ingimage.com

Publisher: PUBLICACIONES UNIVERSITARIAS ARGENTINAS
is an imprint of the publishing house
Südwestdeutscher Verlag für Hochschulschriften GmbH & Co. KG
Heinrich-Böcking-Str. 6-8, 66121 Saarbrücken, Germany
Phone +49 681 3720-271-1, Fax +49 681 3720-271-0
Email: info@svh-verlag.de

Printed in the U.S.A.
Printed in the U.K. by (see last page)
ISBN: 978-3-8454-6028-4

Copyright © 2011 by the author and Südwestdeutscher Verlag für Hochschulschriften GmbH & Co. KG and licensors
All rights reserved. Saarbrücken 2011

Alumnos extranjeros en las universidades argentinas

Caracterización de los programas académicos destinados a los alumnos extranjeros en la universidades nacionales de Argentina

Director del Proyecto

Mgter. Gustavo Luque

Co- Directora

Mgter. Lucía G. Riveros

Autores

Mgter. Lucía Graciela Riveros
Mgter. Gustavo A. Luque

Colaboradores

Esp. Sandra Cantelli

Cra. Cristina Conrero

Cr. Mauricio Vinanti

Téc. Sup. María Guadalupe Jornet

Téc. Sup. Estefanía Jornet

Cr. Pablo Pérez

Alumnos extranjeros en las universidades argentinas

Caracterización de los programas académicos destinados a los alumnos extranjeros en la universidades nacionales de Argentina

ÍNDICE

Agradecimientos

Este proyecto de investigación pudo ser realizado gracias a la colaboración de numerosas personas que pertenecen a diversas Universidades Nacionales de Argentina, quienes apoyaron este tipo de estudios.

A continuación se mencionan a los siguientes profesionales:

Doctor Sergio Obeide, Profesor de la Universidad Nacional de Córdoba (UNC), quien nos brindo todo su apoyo y aporte metodológico, además de ser parte del equipo.

Contador Carlos Padim, Auditor Interno Titular de la Universidad Nacional San Juan Bosco, quien pudo enviarnos estadísticas de estudiantes extranjeros extraídas del sistema de alumnos que posee esa casa de altos estudios que tiene varias sedes: Comodoro Rivadavia, Trelew, Esquel, Puerto Madryn y Ushuaia.

Contadora Teresa Semeraro, Auditora Adjunta de la Universidad Nacional de Salta, quien se preocupó para conseguir los datos estadísticos de su institución y aunó esfuerzos con la Secretaría Académica de la unas, para establecer contacto con el resto de las Secretarías Académicas de las Universidades Nacionales pertenecientes al Noroeste del país (NOA), y obtuvo respuesta en forma ágil desde las Universidades Nacionales de Tucumán, Salta y Jujuy. Es por ese motivo que agradecemos también a la Secretaria Académica de la UNSA, María Cecilia Ilvento; la Secretaria Académica de la Universidad Nacional de Jujuy, Mercedes Garay y la Secretaria Académica de la Universidad Nacional de Tucumán, Susana Maidana.

Contador Oscar Rebolledo, Auditor Titular de la Universidad Nacional de Comahue, que envió todos los datos estadísticos necesarios para poder realizar el trabajo, significando esto una tarea extra para él, ya que su universidad está separada por facultades y diseminada por parte del territorio de Neuquén.

Magíster Edith Kechichian de Millon, Auditora Titular de la Universidad Nacional de San Juan, quien nos mandó los datos estadísticos de grado y posgrado sobre alumnos internacionales.

También mencionamos al sr. Agustin Goldszer, estudiante de la carrera de Abogacía de la UNC, quien colaboró suministrándonos páginas Web e información para tener en cuenta en la investigación, con todo el entusiasmo digno de un estudiante que quiere avanzar en su futura vida profesional.

A todos ellos, muchas gracias por los aportes recibidos.

Mgter. Lucía G. Riveros

Co- Directora de Investigación

Glosario de Abreviaturas

ACNUD	Alto Comisionado de las Naciones Unidas para los Derechos Humanos
AECI	Asociación Española de Cooperación Internacional
ALFA	Programa de Cooperación entre instituciones de Educación superior de la Unión Europea y América Latina
ANUIES	Asociación Nacional de Universidades e Instituciones de Educación Superior México
ARCAM	Arca MERCOSUR
AUGM	Asociación de Universidades Grupo Montevideo
CIN	Consejo Interuniversitario Nacional
CEDEM	Centro de Estudios para el Desarrollo Metropolitano
CRES	Conferencia Regional de Educación Superior
CRISCOS	Consejo de Rectores por la Integración de la Subregión Centro Oeste de Sudamérica
DNI	Documento Nacional de Identidad
FIECA	Fundación para el Intercambio Educativo Chino – Argentino
HCS	Honorable Consejo Superior
IESALC	Instituto de Educación Superior de América Latina y el Caribe
JIMA	Programa Jóvenes de Intercambio México-Argentina
MARCA	Programa de Movilidad Académica Regional para los Cursos Acreditados por MEXA
MBA	Maestría en Administración de Negocios
MERCOSUR	Mercado Común del sur
MEXA	Mecanismo Experimental de Acreditación de Carreras de Grado del MERCOSUR

OEI	Organización de Estados Iberoamericanos
PAME	Programa Académico de Movilidad Estudiantil
PCI	Programa de Cooperación con Iberoamérica
PIMA	Programa de Intercambio y Movilidad Académica
PME	Programa de Movilidad Estudiantil
PPUA	Programa de Promoción de la Universidad Argentina
PRI	Prosecretaria de Relaciones Internacionales
REDCIUN	Red de Responsables de Relaciones Internacionales de Universidades Nacionales
RR II	Relaciones Internacionales
SIU	Sistema de Información de Universidades
UADE	Universidad Argentina de la Empresa
UAP	Universidad Adventista del Plata
UB	Universidad de Belgrano
UBA	Universalidad de Buenos Aires
UCA	Universidad Católica Argentina
UDUAL	Unión de Universidades de América Latina
UNC	Universidad Nacional de Córdoba
UNIVERSIA	Red de Universidades
UNESCO	Organización de las Naciones Unidas para la Educación, la Ciencia y la Cultura
UNCo	Universidad Nacional del Comahue
UNR	Universidad Nacional de Rosario
UNT	Universidad Nacional de Tucumán
UNVM	Universidad Nacional de Villa María
UP	Universidad de Palermo
USA	Estados Unidos de América
USAL	Universidad del Salvador
UTN	Universidad Tecnológica Nacional
UUNN	Universidades Nacionales

Introducción

La presente publicación pone su atención en unos de los fenómenos más dinámicos que se viene sucediendo en las universidades de nuestro país, tanto públicas como privadas, que es la recepción de alumnos extranjeros.

En Argentina, por diversas razones –las cuales son señaladas en el presente escrito–, hay aproximadamente unos 24.000 alumnos extranjeros que estudian en universidades públicas y privadas. Este fenómeno es creciente, se espera que en el año 2012 esa cifra alcance los 90.000 estudiantes.

Esta nueva realidad que moviliza aproximadamente unos 2.500.000 de alumnos en el mundo requiere de una serie de actividades, normativas, acciones, convenios y servicios frente a la progresiva y firme tendencia que se observa.

Esta situación se advierte tanto en el grado como en los posgrados que se dictan en el país, lo cual motivó el interés de profundizar su alcance, características y ordenanzas que rigen en este nuevo escenario universitario que se va conformando.

Lógicamente, existen diversos tipos de situaciones y estudiantes; están aquellos jóvenes que provienen de Europa y Estados Unidos, a los que les interesa principalmente el aprender el idioma español; y otros que optan por programas de intercambio que ofrecen tanto las universidades privadas como las públicas, y que vienen a realizar estudios parciales o a completar su formación universitaria.

Por otro lado, están los estudiantes internacionales, generalmente de América del Sur, que vienen a radicarse a nuestro país para realizar una carrera de grado en forma completa.

Los autores y colaboradores de esta publicación, que formamos parte del equipo de investigación, hemos tratado de brindar un múltiple abordaje al proyecto que nos ocupa, con un planteo global al tema en cuestión. En ese sentido, el presente trabajo se estructura en once capítulos y una conclusión final.

En el primer capítulo, la Mgter. Lucía Riveros y el que suscribe, Mgter. Gustavo Luque, tratamos de relacionar el marco global y la situación política de Argentina, con la presencia de alumnos internacionales en las universidades argentinas.

Las colaboradoras de la publicación, Especialista Sandra Cantelli y Cra. Cristina Conrero, conceptualizan, en el capítulo II, el fenómeno de la internacionalización de las instituciones de educación superior, desarrollando las estrategias adoptadas por las universidades argentinas ante dicho fenómeno. Se puntualizan los programas vigentes sobre movilidad estudiantil y la constitución de redes interinstitucionales de carácter local, subregional y regional.

En el capítulo III, la mgter. Lucía G. Riveros, con la colaboración del cr. Pablo Pérez, relaciona a los aspirantes que están interesados en realizar las carreras de grado y posgrado en Argentina, vinculándolos con la presencia de alumnos internacionales en las universidades de nuestro país.

En el capítulo IV, el Cr. Mauricio Vinanti señala, colaborando con los autores, las normativas aplicables a los estudiantes extranjeros.

En el capítulo V, bajo el título *Educado en Argentina,* la mgter. Lucía G. Riveros describe el sello de calidad que significa estudiar en Argentina. Continúa con los capítulos VI, donde desarrolla la situación de los estudiantes extranjeros que eligen a la Argentina para estudiar español. Posteriormente, sigue con el capítulo VII, el trabajo de campo, donde se investigó la situación de las universidades nacionales argentinas con relación a los estudiantes internacionales. En el capítulo VIII se analiza específicamente los estudiantes extranjeros que están en la Universidad Nacional de Villa María.

En el capítulo IX, colaboran las becarias técnicas superior en alimentos Estefanía y Guadalupe Jornet, refiriéndose a la importancia que tiene en la elección por parte de los estudiantes de otros países de la carrera de Ingeniería en Tecnología de Alimentos, siendo la Argentina un país agroexportador.

En el capítulo X, los autores hacemos una evaluación sobre las divisas que pueden ingresar al país por la influencia de la estadía de los alumnos universitarios de otros países.

Finalmente, en el capítulo XI se llega a las conclusiones sobre el proyecto de investigación *"Caracterización de los programas académicos para estudiantes extranjeros en las universidades nacionales de Argentina"*.

Para todos los que conformamos el equipo de trabajo es justo agradecer a la Universidad Nacional de Villa María su apoyo y colaboración, tanto desde el Instituto de Investigación por la elección de este proyecto que fue subsidiado por la UNVM, como también desde el Rectorado y la Secretaría de Bienestar, que nos facilitaron llevar a cabo el presente análisis, que, a su vez, nos posibilitó introducirnos en una temática sobre la que las Universidades y docentes debemos estar preparados para hacer frente a esta nueva realidad.

Una mención especial para la dra. Marta Ancarani, a cargo de Relaciones Internacionales de la UNVM, quien con total disposición y generosidad brindo su apoyo a la investigación y permitió las entrevistas a los alumnos extranjeros de nuestra Casa de Altos Estudios.

Mgter. Gustavo Adolfo Luque

Director del Proyecto

Mgter. Lucía Graciela Riveros

Co-Directora del Proyecto

Capítulo I

Alumnos extranjeros en las universidades de Argentina

Mgter. Lucía G. Riveros / Mgter. Gustavo A. Luque

Consideraciones generales

Se observa en los últimos años un gran incremento de estudiantes extranjeros en las universidades públicas y privadas de nuestro país, como consecuencia de la internacionalización de la Educación Superior.

Los estudios superiores se han visto alcanzados por la construcción de redes y convenios internacionales, como asimismo por la necesidad de conocer y analizar realidades diferentes, que con respeto y tolerancia permiten, entre otros aspectos, conocer las diversidades existentes, posibilitando un crecimiento intelectual y humano ante un mundo cada vez más interdependiente y complejo.

En definitiva, este proceso de formación de profesionales con visión internacional permite desarrollar conocimientos, aptitudes y competencias internacionales para una mejor comprensión de la humanidad, trabajos en equipos interdisciplinarios, y una mayor comprensión y convivencia internacional.

Esta movilidad estudiantil se encuentra motivada tanto desde los mismos estudiantes que buscan la posibilidad de realizar estudios superiores en otros países, como también desde las mismas universidades, que tratan que sus alumnos logren una formación más amplia, ejecutando convenios bilaterales o multilaterales de cooperación, para que los jóvenes cumplan estudios parciales o completen su formación universitaria en otros lugares, convalidando con créditos sus conocimientos en el país de origen.

Este proceso, relativamente nuevo en nuestro país, hace que la información existente sea escasa; y se puede agregar que no existen muchos estudios previos sobre el proceso de internacionalización de las universidades en Argentina.

Se puede considerar, por un lado, la cooperación internacional como uno de los ejes de esta temática, venciendo el individualismo intelectual, y tratando de superar las dificultades que el mundo presenta en forma asociativa y con alianzas estratégicas. Por otro lado, los alumnos extranjeros vienen a la Argentina para cursar determinadas carreras, motivados por múltiples causas, y luego regresan a sus países de origen para realizar el ejercicio de sus estudios como profesionales

Conforme lo expresado por Julio Theiler, Secretario Académico de la Asociación de Universidades del Grupo Montevideo, se puede decir que existe un antes y un después en cuanto a la internacionalización de la educación superior en el ámbito latinoamericano:

Antes de mediados de la década del ´90:

- Débil, en cuanto al desarrollo de políticas de programas nacionales con relación al exterior.

- Fuga de cerebros.

- Escasa estructura de gestión internacional en las UUNN.

- Insuficiente en la relación de investigadores y docentes con pares del exterior.

- Graduados argentinos que estudiaban en Europa y USA ante la escasez de posgrados en el país.

- Disminución de estudiantes de América Latina que estudian en la Argentina.

- Existencia de débiles redes de universidades regionales.

Después de mediados de la década del ´90:

- Creación del MERCOSUR

- Creación del Espacio Iberoamericano de Cooperación Universitaria (PCI-AECI)

- Necesidad de asociarse para generar posgrados con universidades extranjeras.

- Marco externo que promueve las relaciones internacionales (programas externos como ALFA)

Comienzan a aparecer políticas gubernamentales de internacionalización, mientras que los programas de promoción eran escasos y de poca significación en ese momento.

La experiencia internacional muestra que existen sistemas que privilegian el control de la calidad en los resultados (que enfatizan los mecanismos de supervisión o la respuesta de las instituciones a determinadas acciones) y otros que más bien se centran en la promoción o aseguramiento de la calidad, donde el acento se pone más bien en los procesos conducentes a mejorar la calidad de los servicios ofrecidos por las instituciones de Educación Superior.

Situación general de las Universidades de Argentina, atracción para los estudiantes extranjeros

Las causas de la movilidad estudiantil son múltiples y se analizarán en otros capítulos, pero este fenómeno está ocurriendo a nivel internacional. En Australia llega todos los años una importante cantidad de jóvenes asiáticos para aprender el idioma inglés, lo cual posiciona a ese país como centro de aprendizaje de dicha lengua; las perspectivas y su incremento, son alarmantes.

En ese sentido, una de las motivaciones que se busca, y que es acompañada por el accionar de funcionarios nacionales, es lograr posicionar al país como un destino ideal para la enseñanza del idioma español. Entre las herramientas utilizadas por la Secretaría de Políticas Universitarias en la promoción de este servicio se encuentra la participación argentina en diversas ferias y exposiciones educativas internacionales. En ellas se trata de reflejar no sólo la alta calidad educativa, sino también un tipo de cambio favorable, la seguridad para los jóvenes, la diversidad en la oferta educativa y un sinfín de atractivos turísticos y culturales.

Para la UNESCO, aproximadamente unos tres millones de estudiantes se mueven en el mundo con finalidades educativas universitarias. Por su parte, el director ejecutivo del Programa de Promoción de la Universidad Argentina, Pablo Bohoslavsky, ha lanzado un sitio Web especial y varias convocatorias de redes de promoción, las cuales han permitido a las universidades argentinas mejorar sus ofertas académicas para extranjeros.

Entre los objetivos de dicho programa, se encuentran[1]:

a) Promover la comunicación de oferta académica de grado y posgrado.

b) Auspiciar los procesos de integración académica regional e internacionales

c) Alentar la vinculación de la universidad con el medio

d) Fomentar la creación de nuevas redes y consorcios regionales e internacionales.

En síntesis, el sector gubernamental se encuentra decidido y con acciones concretas a convertir a la Argentina como destino de estudiantes extranjeros, destacando a su vez la existencia en nuestro país de una sociedad que no ofrece problemas de razas, culturas y /o religión. Esa particularidad, en el ámbito internacional, no resulta poco en la actualidad.

En el continente americano, la Argentina se ubica en cuarto lugar en la recepción de estudiantes extranjeros, superada por Estados Unidos, Canadá y Uruguay.

El ministerio de Educación de la Nación considera que actualmente (año 2009) existen unos 24.000 alumnos del exterior que estudian en nuestras universidades, tanto públicas como privadas. De ese guarismo, unos

1 BOHOSLAVSKY, Pablo, Universia (en línea). Dirección URL: www.universia.com.ar (Consulta)

3.000 (12,5%) arriban con la finalidad de cursar una carrera completa; el resto llega para realizar estudios parciales y/o completar sus estudios universitarios.

Las universidades privadas de la provincia de Córdoba, han desarrollado una activa gestión en este sentido, llevando a cabo convenios y otros tipos de actividades que le permiten contar con más de 500 estudiantes extranjeros en sus establecimientos.

Por su parte, la Universidad Nacional de Córdoba ya ha desarrollado la ordenanza para regularizar a los estudiantes que vienen de otros países a realizar estudios parciales. Todo indica que el flujo de estudiantes internacionales que llegará a nuestra provincia ha de incrementarse en forma sostenida en los próximos años.

Asimismo, se señala como importante el concepto de reciprocidad entre las universidades, es decir, el intercambio y movilidad de los estudiantes y docentes en un número similar al de recepción.

¿Por qué eligen Argentina?

Con la crisis económica de 2001, que provocó, a su vez, un fuerte riesgo institucional, Argentina registró una importante caída de precios que aún hoy la mantiene competitiva en relación a otros países. Por ejemplo, estudiar en una universidad privada de buen nivel en Buenos Aires puede valer entre un 40 % y un 60 % menos que en Colombia, y los gastos de alojamiento, alimentación y transporte que un joven del Interior tendría en Bogotá, Medellín o Cali, están en nuestro país en un 30 % por debajo. Sin tener en cuenta aquellos alumnos extranjeros que quieren ingresar a una universidad pública, donde el estudio es gratuito en carreras de grado.

En ese sentido, el diario Perfil[2] señala en una entrevista realizada a una estudiante de Posgrado que estudiar en Argentina era mucho más barato. Una Maestría en Colombia, en una universidad privada, cuesta entre cinco y siete mil dólares por semestre; es decir unos veinte mil dólares aproximadamente durante los dos años que dura. En Argentina, se puede realizar por unos seis mil dólares en total.

2 *Diario Perfil*, Buenos Aires, 2 de agosto 2009.

Al margen de los aspectos económicos, que tienen una gran ponderación al momento de la decisión, se deben adicionar: el alto nivel académico, el prestigio de nuestras universidades, la activa vida social y los puntos turísticos para conocer.

También se debe tener en cuenta que la Ley de Migraciones de la República Argentina del año 2004 y el Programa Patria Grande, vigente desde 2006, garantizaron facilidades de ingreso para la obtención de residencia regular con requisitos mínimos a los ciudadanos de países miembros del MERCOSUR y Estados latinoamericanos.

La Argentina se caracteriza, a su vez, por ser un país con una conformación multicultural y multiétnica, la cual la predispone al diálogo y evita los fundamentalismos sociales que tensionan la convivencia de muchas comunidades en el mundo.

La Constitución Nacional, en su Artículo 20 señala que:

> (...) los extranjeros gozan en el territorio de la Nación de todos los derechos civiles del ciudadano argentino, (pudiendo entre otros actos) (...) ejercer libremente su culto; sin estar obligados a admitir la ciudadanía, ni pagar contribuciones forzosas extraordinarias.

El mismo reconocimiento surge en la Ley N ° 26.206 de Educación Nacional, por lo que el Estado Nacional asegura las condiciones de igualdad, respetando las diferencias entre las personas sin admitir discriminación de ningún tipo.

Entre los documentos oficiales que emanan de los órganos competentes corresponde mencionar, a su vez, el llamado Sector Educativo del MERCOSUR (SEM), suscripto en el año 1991 por los Ministros de Educación de Argentina, Brasil, Paraguay y Uruguay. En el mismo se contempla, entre otros aspectos, el *"fortalecimiento de la conciencia ciudadana en el proceso de integración regional y que valore, asimismo, la diversidad cultural y la educación de calidad."* En dicho escrito se expresa la importancia de la cooperación internacional. De esta forma, se vuelve a incentivar y promocionar, entre sus objetivos estratégicos, la movilidad estudiantil y académica.

Por otra parte, es necesario señalar que las Leyes Nacionales Nº 24.195 y 24.521 (Ley Federal de Educación y Ley de Educación Superior) constituyen el eje central de nuestro sistema universitario y de postgrado. La Ley de Educación Superior, entre sus consideraciones, enuncia *"promover mecanismos asociativos para la resolución de problemas nacionales, regionales, continentales y mundiales"*. Como se puede apreciar, la ley tiene una visión que va más allá de lo territorial y una concepción de Tierra – Patria (UNESCO).

Es así que los estudiantes internacionales, al llegar a la Argentina, se encuentran con las puertas abiertas para emprender sus estudios universitarios y una diversificada oferta cultural. Cuentan, además, con universidades antiguas y prestigiosas, como la Universidad Nacional de Córdoba, creada en el año 1613, y que dio comienzo a la historia de la educación superior en Argentina; y la Universidad de Buenos Aires (UBA), creada en el año 1821, la más grande en la actualidad.

Consideramos importante mencionar también a las nuevas universidades, situadas en el Interior de las provincias, como es el caso de la Universidad Nacional de Villa María, ya que constituyen una excelente alternativa para los estudiantes extranjeros. Su radicación en el Interior, con todo lo que ello significa en criterios de seguridad, a lo cual habría que agregarle la ventaja de los cursos no masivos, el dinamismo y la flexibilidad propios de toda universidad joven, sus residencias estudiantiles, la hacen surgir como lugar alternativo interesante para todos aquellos que deseen venir a estudiar a la Argentina.

Los estudios en distintas universidades de los estudiantes pretenden, a su vez, construir un diálogo fecundo y generoso entre diversas casas de estudios, donde en cada una de ellas se realizan tareas académicas, de extensión y búsqueda de conocimiento. Es decir, no se trata de abandonar o confundir identidades, las cuales hay que preservar y enriquecer, se trata de establecer diálogos y búsqueda de nuevos saberes y su correspondiente difusión, a fin de lograr un futuro mejor para toda la humanidad.

Buenos Aires: imán para los alumnos extranjeros

El diario *La Nación* expresa que los extranjeros llegan atraídos por el turismo, la carne, el tango y el estudio.

En la Argentina se observa una tendencia de alumnos extranjeros que va en ascenso y ello debido no solamente por el tipo de cambio favorable sino también por la excelencia académica, crecimiento regional, clima soleado y hospitalidad.

Argentina está en cuarto lugar en el continente, según algunas fuentes, después de Estados Unidos, Canadá y Uruguay, en cuanto a la recepción de alumnos de otros países. Hoy son aproximadamente unos 24.000 estudiantes extranjeros, y se estiman que para el año 2012, la cifra ha de llegar a los 90.000 estudiantes extranjeros.

Desde otro punto de vista, se puede expresar que el total de estudiantes extranjeros alcanza al 1,50% de total de estudiantes universitarios en el país.

El Ministerio de Educación, Ciencia y Tecnología de la Nación hizo un sondeo para saber cuáles son las preferencias de los foráneos a la hora de elegir un lugar en Argentina. El resultado fue que seis de cada diez estudiantes extranjeros optan por universidades ubicadas en el área metropolitana de Buenos Aires.

Del total de alumnos extranjeros en las universidades argentinas se observa el siguiente comportamiento: 14.055 asisten a instituciones estatales y unos 9.945 a universidades privadas.

No obstante lo señalado precedentemente, la proporción de estudiantes en las universidades estatales es del 0,82%, mientras que en las privadas se eleva al 2,10%.

Además, del total de extranjeros que ingresan al país, el 70%, aproximadamente, viene para seguir carreras de grado o pregrado. El resto se interesa en los posgrados y programas de capacitación especialmente diseñados por las universidades de acuerdo a los intereses que captan en los estudiantes. El Ministerio no ha tomado como dato a los que ingresan para aprender el idioma en instituciones no universitarias.

Una investigación que hizo Universia en once universidades de todo el país, entre públicas y privadas, para conocer cuáles son las carreras elegidas y de dónde provienen sus estudiantes extranjeros, aspectos que tuvo en cuenta el Estado, permite tener una idea de las preferencias.

La UBA es la que tiene más alumnos extranjeros. Las estadísticas reflejan que casi el 20% de todos los estudiantes extranjeros que llegan al país eligen la propuesta de esa Universidad, ya sea de grado o de posgrado. Conforme las estadísticas, son aproximadamente unos 4.600 estudiantes extranjeros y una de las razones sería que es una de las más prestigiosas universidades de Latinoamérica, siendo Francia el país más vinculado con esta casa de altos estudios.

En síntesis, Argentina no está muy lejos de Uruguay, que posee el 2,20% de estudiantes extranjeros y tiene una mayor proporción que Chile, que posee un 0,90% de estudiantes extranjeros.

Ahora bien, si comparamos nuestro país con otros de mayor receptividad, como Estados Unidos, que tiene un porcentaje de 3,40% de estudiantes extranjeros en sus universidades, y el Reino Unido, con un porcentaje del 13,40%, nos damos cuenta que debemos aún recorrer un largo camino.

Las preferencias y la diversidad

En la investigación que realizó *Universia*, se dice que las universidades, en general, aseguran que no hay carreras prioritarias a la hora de la elección por parte de los estudiantes. La Universidad Católica Argentina (UCA) menciona que 900 extranjeros optaron por un Programa de Estudios Latinoamericanos. En la Universidad Nacional de Rosario (UNR), uno de cada tres estudiantes extranjeros elige la carrera de Medicina, seguida por otras ofertas de la Facultad de Humanidades. En el año 2007, alrededor de 1.100 jóvenes foráneos estudiaron en esa casa de altos estudios.

La tendencia, en cuanto a la selección, depende del perfil de las universidades. Por ejemplo, la Universidad Argentina de la Empresa (UADE) tiene carreras afines a las que el nombre nos sugiere: Lic. en Administración, Contador Público, Economía, como consecuencia de la fuerte vinculación con las empresas o bien con corporaciones empresariales y su imagen refleja esa preferencia por parte de los alumnos.

No sólo hay una tendencia a nivel institucional, sino también preferencias en cuanto a los diferentes países de donde provienen estos estudiantes. En la Universidad de Belgrano (UB) el 70% proviene de Estados Unidos y de Europa. La Universidad de Palermo (UP) indicó que el 82% de los 3.500 extranjeros que estudian allí son latinoamericanos. Según *Universia*, la mayor diversidad de nacionalidades se registra en la Universidad Adventista del Plata (UAP) de Entre Ríos, donde existen 814 alumnos que pertenecen a 49 países, que ingresaron este año, según comentó a ese portal la responsable del área.

En la capital de Córdoba y teniendo en cuenta tres universidades privadas (Universidad Empresarial Siglo 21, Universidad Católica de Córdoba y Universidad Blas Pascal) hay mas de 500 estudiantes extranjeros que cursan carreras o materias en forma presencial. La tendencia es creciente.

En la Universidad Empresarial Siglo 21, y continuando con esa fuente de información, en el primer semestre del año 2009, cursan aproximadamente unos 100 alumnos extranjeros, ya sea una carrera de grado y/o alguna asignatura. Los países mas representativos son Guatemala (14%), Perú (14%), Colombia (14%), México (12%) y en menor medida Brasil, España y Estados Unidos. En cuanto a las carreras más seleccionadas se encuentran: Relaciones Internacionales y Publicidad.

En la Universidad Católica de Córdoba hay en el primer semestre 2009, unos 69 estudiantes de intercambio cursando en forma presencial, y también se señala que la tendencia de los últimos años se va incrementando. Hay, a su vez, unos 143 que cursan carreras completas en Ciencias Económicas, Medicina e Ingeniería.

La Universidad Blas Pascal también manifiesta un crecimiento sostenido. De sólo 10 estudiantes en el año 2004, en la actualidad –primer semestre 2009– hay unos 200 estudiantes extranjeros aproximadamente. En esta institución, los estudiantes eligen preferentemente Gestión Ambiental, Turismo, Ciencias Económicas y Comunicación Social. En cuanto a los países de origen, se observa una primacía de Estados Unidos y Europa.

Asimismo y conforme publicación periodística, la UNC, en el Salón Rojo de la Escuela de Graduados de Ciencias Médicas, dio la bienvenida a unos 60 estudiantes universitarios del mundo, entre ellos brasileños, paraguayos, uruguayos, mejicanos, canadienses, españoles e italianos (en total de 12 países). Los mismos cursaran materias en las diversas facultades de dicha universidad, y se mencionó, además, en dicha reunión, que todavía faltaba el arribo de algunos estudiantes.

Las carreras más solicitadas son Administración, Psicología, Filosofía y Humanidades. En cada cuatrimestre ingresan nuevos grupos de estudiantes extranjeros para realizar estudios superiores y luego del cuatrimestre de estudios, regresan a sus países de origen. Lógicamente sus estudios son reconocidos y acreditados por sus respectivas universidades.

Tendencias en las universidades en los posgrados

Existen entidades privadas que son reconocidas internacionalmente. Por ejemplo, el IAE, la Escuela de Dirección y Negocios de la Universidad Austral se ubicó entre las treinta primeras escuelas de negocios del mundo, específicamente en el Nº 19, según el ranking 2005 de educación ejecutiva que cada año elabora *Financial Time.*

El crecimiento que se produjo entre los años 2001 y 2006 en cuanto a la inscripción de extranjeros fue asombroso; aumentó un 140% para el programa MBA y un 233% para el programa EMBA.

La directora ejecutiva del MBA mencionó que existe una tendencia palpable y creciente en los jóvenes profesionales de todo el mundo, según su experiencia, a elegir los posgrados de Argentina, puesto que ven al país como un mercado potencial laboral.

La Universidad de San Andrés cada año realiza viajes a diferentes países, donde explican a los colegios cuáles son las actividades de la Universidad en la Argentina, los costos, etc. Carina Starkl, de la oficina de *Foreign Studies* de esa Universidad, comentó al diario *La Nación,* que los estudiantes extranjeros trabajan duro y tienen la misma exigencia académica que los argentinos.

La Universidad del Salvador (USAL), en el año 2005, tuvo 300 alumnos regulares de carreras de grado y posgrado y una cifra igual de alumnos que vinieron de intercambio. En el primer semestre del año 2006 existían 190 estudiantes extranjeros más que en el mismo período del año anterior. La coordinadora de la Dirección de Cooperación e Intercambio Internacional de la USAL mencionó que reciben varios estudiantes provenientes de China porque *"el español en China está creciendo mucho y se está abriendo un mercado muy interesante entre ese país y Latinoamérica"*. El Vicerrector Académico de la USAL ha expresado durante el primer semestre del año 2009 que de los 3.000 estudiantes que cursan alguna de las 90 carreras de posgrado, un 15% son extranjeros, es decir más de 400 alumnos. En cuanto a las preferencias encontramos: Medicina (40%), Psicología (5%), Ciencias Sociales (26%) y Economía (15%).

Según un estudio realizado por el Centro de Estudios para el Desarrollo Metropolitano (Cedem), existe una gran cantidad de extranjeros que viene a formarse en las carreras de hotelería y gastronomía, creciendo en estos rubros más de seis veces en el año 2006, representando el 24 % de los nuevos estudiantes.

Marcelo Tobin, subsecretario de Relaciones Internacionales de la UBA, en donde existen 333 carreras de posgrados, ha expresado: *"Desde el año 2008 al 2009, la demanda por parte de extranjeros ha crecido un 10%. De 945 estudiantes inscriptos, trepó a 1.345 alumnos a agosto 2009"*.

Por su parte, la directora de posgrado de la Universidad Torcuato Di Tella, Karina Cherempacz, expresa que el alto nivel académico y los beneficios económicos son los que impulsan a los extranjeros a realizar posgrados en Argentina.

Mientras tanto, en la Universidad Austral, actualmente cursan unos 90 estudiantes extranjeros los diferentes posgrados que se ofrecen, reflejando un incremento del 90% aproximadamente con relación al año 2006.

La Comisión Nacional de Evaluación y Acreditación Universitaria (CONEAU) es el organismo encargado de evaluar y acreditar las carreras de posgrado (doctorados, maestrías y especializaciones) mediante las categorías A, B y C. Esa clasificación tiene que ver con los estándares de diseño de la carrera, como programas de investigación, calidad docente, trayectoria curricular, convenios y antigüedad de la institución, entre otros parámetros. Conforme los datos del 2009, han sido acreditadas unas 2.367 carreras, hay unas 947 en proceso de evaluación y 878 no han logrado la correspondiente acreditación.

Todo este procedimiento, reconocido en Latinoamérica y en el exterior, hace también a la afluencia y selección por parte de los profesionales en el exterior para la realización de estudios de posgrado.

Ventajas económicas en Argentina

Universia describe que las condiciones de costos y estada en Argentina para los estudiantes extranjeros de instituciones universitarias son muy buenas con relación a las universidades de América del Norte y a las europeas.

Se calcula que un extranjero puede llegar a gastar entre $ 1.500 y $ 2.100 (entre 400 y 700 dólares). La Universidad Católica de Córdoba (UCC) estima lo siguiente, teniendo en cuenta que en ese tipo de universidad se cobran aranceles: *"Quinientos pesos en aranceles aproximadamente, $ 800 en alojamiento, $ 500 en comidas, $ 300 en libros, transporte, salidas"*. En Estados Unidos se calcula que un semestre al alumno le cuesta 25.000 dólares o más, no menos.

O sea que esto implica un importante factor de decisión, tanto la elección de universidades nacionales como privadas, por parte de los alumnos extranjeros. Es así que el funcionario que está a cargo de la Dirección de Cooperación e Intercambio de la USAL indicó que el porcentaje de incremento fue un 77% en el periodo 2004 al 2005, estimando un crecimiento paulatino del 15% anual. La USAL tiene aproximadamente 700 alumnos extranjeros.

Conforme los datos relevados, el origen de los estudiantes extranjeros hacia nuestro país es de países limítrofes, a saber: Chile, Bolivia y Paraguay; pero también los demás países latinoamericanos, destacándose Ecuador y Colombia.

En contrapartida, y en los aspectos económicos, muchas universidades señalan la falta de fondos suficientes por parte del Estado para solventar una mayor tarea de promoción en el exterior y para zanjar las erogaciones que origina el intercambio estudiantil. De esta manera, se podría posicionar mejor a la República Argentina como destino de formación universitaria y recoger los beneficios que trae aparejado este fenómeno, tanto en lo académico como en sus efectos económicos multiplicadores.

Capítulo II

Las estrategias de las Instituciones de Educación Superior ante el fenómeno de la internacionalización

Colaboración: Cra. Cristina Conrero / Esp. Sandra Cantelli.

Cooperación Internacional e Internacionalización de la Educación Superior

El término *"cooperación internacional"* ha sido entendido de diversas formas a través de la historia, pero puede decirse que es la modalidad de relación entre países que persiguen un beneficio mutuo, y en especial para alcanzar un desarrollo óptimo de sus ciudadanos que sería difícil de lograr en forma aislada. Este término sufrió transformaciones en las últimas décadas, y hoy se propone más como un acto de corresponsabilidad o de "asociados" que como un proceso asistencial[3].

Respecto de la *"cooperación internacional universitaria"*, implica el conjunto de actividades realizadas entre o por instituciones universitarias que, a través de múltiples modalidades, conlleva una asociación y colaboración en los ámbitos de la política y gestión institucional, la formación, la investigación, la extensión y la vinculación para el mutuo fortalecimiento y la proyección institucional, la mejora de la calidad de la docencia, el aumento y la transferencia del conocimiento científico tecnológico; y la contribución a la cooperación para el desarrollo[4].

El binomio *cooperación internacional universitaria y generación de conocimientos* se ha convertido en una relación de alto impacto a través del

3 SIUFI, Gabriela, "Cooperación internacional e internacionalización de la Educación Superior", *Revista Educación y Sociedad*, Nueva Época, Año 14, nº 1, enero de 2009, pág. 124.

4 Ibidem.

cual se produce una mayor y efectiva interacción, se aprovechan más las capacidades existentes, y se generan novedosos patrones de conectividad con base en estructuras más horizontales que permiten mayor fluidez y flexibilidad, con lo que se fortalece la investigación científica-tecnológica y su dinámica internacional[5].

Por otro lado, la dimensión de la internacionalización de la Educación Superior se ha plasmado por muchos años en tareas casi rutinarias entre las universidades del mundo; a saber: enviar becarios al exterior, recibir o contratar profesores e investigadores de otros países, vincularse con universidades extranjeras mediante convenios, relacionarse con sus científicos, incentivando investigaciones conjuntas, etc. Además, las acciones en el campo internacional se han asociado tradicionalmente con el prestigio de las universidades.

En los últimos años el énfasis de la internacionalización ha recaído sobre la movilidad de estudiantes, así vemos proliferar las iniciativas y programas en este sentido tanto por agencias de cooperación, por organismos gubernamentales y por grupos de universidades integradas en red.

Pero la internacionalización, como proceso centralizado por el cual se introduce la dimensión internacional en la planificación estratégica y cultura institucional, en las funciones de la docencia, investigación y extensión, en la proyección de la oferta académica y en las formas de gestión de la universidad, es un fenómeno mucho más complejo y amplio que la mera movilidad estudiantil.

Así, es pertinente destacar la reflexión institucional que las universidades deben hacer, según expresiones de un integrante de la Oficina de Relaciones Internacionales de la Universidad Nacional de la Patagonia (Argentina), en cuanto a los aspectos de gestión institucional centralizada y de la cultura que implica la dimensión internacional. Preguntas como qué grado de internacionalización se quiere y cómo lograrlo, fuerzan a tomar decisiones que involucran *el hacer* de forma tal que la proyección internacional deje de ser una simple expresión de deseo en algunos casos, o una mera indefinición o declamación en otros.

---

5 Jaramillo, 2006

Contexto Latinoamericano para la Integración e Internacionalización

Respecto de la educación superior latinoamericana, y realizando una apretada síntesis, encontramos una situación dispersa, con algunas fortalezas y debilidades. Las universidades enfrentan, en diferentes medidas, situaciones complejas en sus relaciones con el Estado, la sociedad civil, el sistema empresarial, las organizaciones sindicales, los estudiantes.

Un estudio del Instituto de Educación Superior de América Latina y el Caribe (IESALC) caracteriza a la educación superior en América Latina y el Caribe en el plano local por restricciones financieras de las universidades públicas, sistemas de limitación en el acceso, nuevas formas de regulación a través de Consejos de Rectores, con diferenciación institucional y mayor presencia en números de instituciones privadas; alta feminización de la matrícula estudiantil, creciente desempleo y emigración de profesionales y técnicos, nuevas demandas de habilidades y destrezas en los mercados laborales; propagación de actividades y creación de organismos para la evaluación y la acreditación de programas, departamentos, instituciones, docentes y alumnos.

Respecto del plano global, se caracteriza por una creciente internacionalización, el establecimiento de alianzas, la incorporación de la educación virtual, la convergencia digital de industrias culturales y servicios educacionales, el interés por desarrollo del conocimiento científico y nacimiento de una economía de redes.

Es en la década del 90 cuando la internacionalización de la educación superior en América Latina toma relevancia específica, como producto de las experiencias de integración económica como el MERCOSUR y el Pacto Andino.

Así, surge como una de las responsabilidades de las universidades la búsqueda de caminos alternativos y múltiples que diesen respuestas al proceso acelerado de globalización. Si bien este proceso ha implicado la generalización de determinados usos y ha permitido el avance significativo de las tecnologías, también ha generado inequidades y ha marcado más profundamente las asimetrías.

En este sentido es que la idea de la integración pasa a ser un elemento identificador clave para los países latinoamericanos y es una clara estrategia regional que comienza a calar hondo en las universidades.

Esta idea central se ve reforzada con el surgimiento de la Asociación de Universidades Grupo Montevideo (AUGM) como el primer agrupamiento de universidades públicas de la región.

Tanto el contexto político regional como el mundial exigían que las universidades asumieran expresamente un protagonismo fundamental en el desarrollo del conocimiento que tendiese a legitimar las aspiraciones de las sociedades, tratando de mejorar la calidad de vida de todos sus habitantes en todos los niveles.

Los resultados de varios estudios realizados muestran que las instituciones de educación superior han podido desarrollar convenios de intercambio, programas de educación a distancia, acuerdos de cooperación, alianzas con universidades extranjeras; logrando de esta manera contribuir al desarrollo de los recursos humanos desde una perspectiva internacional que reconoce a la educación superior al *servicio del interés público*. No obstante, aún subsisten limitaciones en las regulaciones para desarrollar acciones conducentes a co titulaciones, a programas cooperativos con instituciones de otros países; a la vez que serias trabas burocráticas respecto de temas de visas y condiciones para la movilidad y el reconocimiento de estudios.

La movilidad internacional de estudiantes universitarios

Se presenta como la faceta más notoria de los procesos de internacionalización de la educación superior, y está incluida como tema clave en todos los espacios mencionados. Si bien en los últimos años se implementó un amplio espectro de programas, promovido especialmente por las Asociaciones Universitarias[6] y algunos por los gobiernos, la misma

6 PIMA, CRISCOS, ESCALA Estudiantil.

es aún reducida entre países de la región. Para expandirla y fortalecerla se requiere buscar nuevas alternativas financieras, como el apoyo de empresas privadas y otros actores, avanzar en la definición de ciclos o materias que permitan al estudiante un intercambio que le ofrezca un programa de igual calidad al de su institución de origen y que contemple la validez automática de lo cursado, y, sustancialmente, generar interés en la elección de países latinoamericanos como destinos posibles.

La atracción y recepción de estudiantes extranjeros

Hasta el presente muy pocos países y universidades de la región han involucrado esta actividad como parte de sus políticas institucionales, por ende los resultados son efímeros. No obstante, las tendencias indican que América Latina será cada vez más un polo de atracción para estudiantes de otras latitudes en función de la estabilidad política, la belleza y riqueza de sus paisajes, el atractivo cultural, los aranceles más accesibles para el estudio de carreras de grado y posgrado y el interés por el aprendizaje del español. Estos factores pueden ser aprovechados por los países.

Internacionalización de la Educación Superior en Argentina

Localmente la internacionalización de la educación superior en Argentina encuentra a nivel gubernamental el Programa de Promoción de la Universidad Argentina (PPUA), creado en el 2006 con el objetivo de promover a la Universidad en el exterior, mejorando la presencia del país en el proceso de globalización de la educación superior. Este programa trabaja sobre dos ejes, a saber: por una lado el *Fortalecimiento de Redes Interuniveritarias,* cuyo objetivo principal es promover la constitución y el fortalecimiento de redes institucionales de universidades argentinas y extranjeras, afianzando las actividades académicas y la movilidad de docentes, investigadores y estudiantes en un marco internacional, con énfasis en la cooperación y en la integración con América Latina y el Caribe.

La segunda línea de trabajo, *Misiones Universitarias al Extranjero,* invita a las instituciones universitarias nacionales y privadas a presentar proyectos asociativos para organiza misiones, con el objeto de dar a conocer la oferta académica y los desarrollos científicos y culturales del sistema universitario argentino que permitan establecer acuerdos y convenios, captar estudiantes internacionales y desarrollar proyectos y programas conjuntos con instituciones del exterior.

Por otro lado, a nivel institucional las estrategias de internacionalización por parte de las universidades argentinas se plasman en:

1) *Movilidad Estudiantil*:
sin escapar del contexto general, la estrategia "estrella" viene dada por los programas de movilidad estudiantil, cuyos principales exponentes brevemente, a continuación se desarrollan:

a) Programa Escala Estudiantil de la Asociación de Universidades Grupo Montevideo (AUGM): la movilidad estudiantil se comienza a introducir como tema en el año 1998, para finalmente aprobarse en el XXVIII Consejo de Rectores de noviembre del año 2000.

El objetivo central del programa es promover la cooperación y la integración de las universidades que la conforman, así como la internacionalización de la educación superior de la región7, a través de la promoción de la movilidad de los estudiantes regulares de graduación para cursar un período académico en otra universidad de la Asociación, con pleno reconocimiento de la actividad académica realizada.

De esta manera se describe lo que es el eje del programa, es decir, que un estudiante de cualquiera de las universidades pueda cursar un semestre lectivo en una universidad de otro país y que estos estudios sean reconocidos totalmente una vez que retorna a su universidad de origen.

Este programa se sustenta con el apoyo político, claro y definido, por parte de las universidades pues las de origen deben financiar los pasajes de los estudiantes que se adscriben al programa mientras que las de destino deben hacerse cargo de los gastos de estadía y manutención.

7 El término *región* comprende los distintos países pertenecientes a América Latina y el Caribe. (N. del autor)

Este esquema de funcionamiento permite que todos los estudiantes independientemente de sus condiciones socio-económicas puedan aspirar a formar parte del programa.

El programa se consolida de manera regular a partir de 2002, cuando se produce un progresivo crecimiento que va más allá de lo cuantitativo.

En cuanto a las áreas disciplinarias o temáticas en las que se producen las movilidades, para el período 2000-2007, se pueden apreciar las siguientes preferencias:

Áreas Disciplinarias	**Porcentaje**
Sociales y Humanas	42%
Científica-Tecnológica	35%
Ciencias Agrarias	13%
Ciencias de la Salud	5%
Artística	5%

Cuadro 01

Cuadro 02[8]

b) Programa de Movilidad Estudiantil (PME) del Consejo de

8 Fuente: Educación Superior y Sociedad, Nueva Época, año 14, nº 1, enero de 2009.

Rectores por la Integración de la Subregión Centro Oeste de Sudamérica (CRISCOS). Participan las Universidades argentinas de Jujuy, Salta, Santiago del Estero, Tucumán, Catamarca, La Rioja y Río Cuarto; del sur del Perú; del norte de Chile (de la 1 a la IV región), del suroeste de Paraguay y de toda Bolivia. Tiene el propósito de facilitar a estudiantes universitarios de una universidad de la Subregión la realización de parte de sus estudios en otra universidad de la Subregión, como modo concreto de contribución a la internacionalización universitaria.

c) Programa de Movilidad Académica Regional para los Cursos Acreditados por el mecanismo experimental de acreditación de carreras de grado en el MERCOSUR (MARCA). Es el primer programa de movilidad de estudiantes de grado promovido por los gobiernos desde el sector educativo del MERCOSUR. Participan de este programa los países miembros y asociados del bloque, incentivando la integración regional. La movilidad se realiza entre los países del MERCOSUR y se desarrolla a través de períodos lectivos regulares de un semestre académico. Este programa está relacionado con las carreras acreditadas por el Mecanismo Experimental de Acreditación de Carreras de Grado del MERCOSUR (MEXA): Agronomía, Ingeniería y Medicina. A través de él se fortalecen las carreras acreditadas, se fomenta la cooperación interinstitucional y se cumple con el objetivo central de integración regional.

d) Programa de Intercambio y Movilidad Académica (PIMA) de la Organización de Estados Iberoamericanos (OEI). El PIMA es una iniciativa que supone un aporte importante al desarrollo de una agenda de apoyo a la cooperación y movilidad académica, y puede contribuir de manera significativa en el proceso de construcción de un espacio iberoamericano de educación superior.

Por un lado el programa incluye, por parte de la OEI, el desarrollo conceptual del mismo, la coordinación de la gestión del programa, y el establecimiento de la forma y contenido de los procedimientos para la ejecución de los proyectos. Asimismo, aporta un número limitado de ayudas para la movilidad de los estudiantes. Por otro lado las universidades participantes asociadas en red en un proyecto concreto de movilidad de estudiantes, una vez aprobado por la OEI, serán las responsables de la gestión organizativa y académica de las movilidades enviadas y recibidas.

e) Programa académico de Movilidad Estudiantil (PAME) de la Unión de Universidades de América Latina (UDUAL). El Programa Académico de Movilidad Estudiantil de la Unión (PAME-UDUAL) fue aprobado por el Consejo Ejecutivo de la UDUAL en el año 2003 para fortalecer el intercambio estudiantil de pregrado. El PAME-UDUAL promueve la movilidad recíproca de estudiantes entre instituciones de educación superior de la Unión seleccionadas aleatoriamente. Para ello, las instituciones proponen el programa o los programas educativos que consideran de alto nivel académico, en los que pueden recibir estudiantes para cursar actividades académicas regulares, mutuamente convenidas.

f) Programa Jóvenes de Intercambio México–Argentina (JIMA): El Programa JIMA de intercambio de estudiantes de grado entre Universidades argentinas y mexicanas nace de un acuerdo firmado en el año 2004 entre el Consejo Interuniversitario Nacional de la República Argentina (CIN) y la Asociación Nacional de Universidades e Instituciones de Educación Superior de México (ANUIES). Las Universidades Argentinas que forman parte de este intercambio son: Universidad Nacional de Córdoba, Universidad Nacional de Tucumán, Universidad Nacional del Litoral, Universidad Nacional de Cuyo, Universidad Nacional de Luján, Universidad Nacional de Rosario, Universidad Nacional del Sur, Universidad Nacional del Nordeste, Universidad Nacional de La Matanza.

Por otro lado, las universidades mexicanas adheridas al acuerdo son: Universidad de Colima, Benemérita Universidad Autónoma de Puebla, Universidad de Guanajuato, Universidad Autónoma de Tamaulipas, Universidad Autónoma del Estado de Hidalgo, Universidad Autónoma de Aguascalientes, Universidad Autónoma de Chiapas, Universidad Autónoma de San Luis Potosí, Universidad de Guadalajara, Universidad de Monterrey.

A través de este programa, los estudiantes pueden cursar un semestre de su carrera en una universidad extranjera, con posibilidad de gestionar en su universidad de origen el reconocimiento de las materias que hayan aprobado.

g) Programa de Cooperación con Iberoamérica (PCI) de la Asociación Española de Cooperación Internacional (AECI). Este programa consiste en el otorgamiento de ayudas y becas provenientes del Estado español y se implementa bajo cuatro formas: ayudas para proyectos conjuntos de investigación, proyectos bilaterales de posgrado y doctorado, redes temáticas de docencia, y acciones conjuntas complementarias. El PCI tiene como fines primordiales el desarrollo de relaciones estables de cooperación entre Departamentos y Centros de Investigación de universidades españolas con el apoyo preferente a las áreas temáticas y geográficas establecidas como prioritarias para la política española de cooperación internacional con Iberoamérica. En particular, en la Argentina se ha trabajado en forma conjunta sobre las siguientes prioridades temáticas: desarrollo y modernización institucional, formación y capacitación de recursos humanos, modernización de las infraestructuras, y desarrollo del tejido económico, y cooperación educativa y cultural, con especial énfasis en las industrias de apoyo a la cultura y a los intercambios culturales.

2) *Redes de Universidades:*

De carácter local: REDCIUN (Red de Responsables de Relaciones Internacionales (RRII) de las Universidades Nacionales) constituida en 1999 por los responsables de la RR II de las Universidades Públicas, en el marco del CIN, con el objetivo de conformar un foro de promoción de la internacionalización de las universidades y de promover un trabajo sinérgico entre ellas.

De carácter subregional: CRISCOS (Consejo de Rectores por la Integración de la Subregión Centro Oeste de Sudamérica) es un organismo sin fines de lucro, dedicado a la integración y la colaboración interuniversitaria. Está constituido por universidades del noroeste de Argentina (Jujuy, Salta, Santiago del Estero, Tucumán, Catamarca y La Rioja), del sur del Perú, del norte de Chile (de la 1 a la IV región), del suroeste de Paraguay y de toda Bolivia, representadas por su respectivos rectores. Su finalidad es profundizar el camino de la integración, ampliando las bases de la cooperación académica, científicotecnológica y cultural entre las universidades ubicadas en la referida zona geográfica.

De carácter regional: organizaciones no gubernamentales que apoyan el proceso de integración del MERCOSUR Educativo: ARCAM (Arca MERCOSUR) y AUGM (Grupo Montevideo).

ARCAM fue creado el 10 de agosto de 1995 y está registrado en el Ministerio de Educación y Cultura de Uruguay como *"Grupo Interuniversitario ARCAM, Universidades por y para el MERCOSUR"*. Actualmente cuenta con la participación de treinta y dos universidades, entre públicas y privadas, aunque la mayoría (80% aproximadamente) son privadas: doce de la Argentina, quince de Brasil, una de Paraguay y cuatro de Uruguay. La finalidad del grupo es establecer y promover programas de cooperación interuniversitario para el intercambio de estudiantes, profesores, investigadores; y desarrollo de trabajos temáticos de aporte para el proceso de integración regional, así como para la investigación científica y tecnológica.
AUGM (Asociación de Universidades Grupo Montevideo) y su contribución a la integración Regional: el Grupo Montevideo se creó el 9 de agosto de 1991 a instancias de las siguientes universidades: Nacional de Asunción (Paraguay), Buenos Aires, Nacional de Entre Ríos, Nacional de la Plata, Nacional del Litoral, Nacional de Rosario (Argentina), Federal de Santa María (Brasil), y de la República (Uruguay).

Sobre las herramientas de la integración regional
A lo largo de los dieciséis años de historia que tiene la AUGM, la construcción del espacio académico común ampliado ha sido un proceso complejo y de construcción cotidiana.
Desde el núcleo inicial, compuesto por ocho universidades que comprendían a cuatro países, en la actualidad esta red contiene a veintidós instituciones de enseñanza superior, a las que se suma una universidad de Chile y otra de Bolivia. Esto significa que la asociación involucra en la actualidad a más de un millón de estudiantes de grado y posgrado, y aproximadamente 90.000 docentes/investigadores.
Esta política de crecimiento se basó en la definición originaria de *"espacio académico común"* de acuerdo a cuatro ejes centrales:

I. *Los espacios académicos:*
Núcleos Disciplinarios: agrupamientos académico-técnicos correspondientes a una disciplina de interés común, donde cada miembro aporta sus disponibilidades, tanto en personal de alta calificación como en recursos materiales para actividades científicas,

técnicas, docentes, de desarrollo, de extensión, etc.
Comités Académicos: agrupamientos académico-técnicos concebidos para abordar, con enfoque multi e interdisciplinario, grandes configuraciones temáticas calificadas como estratégicas, por ser transversales con carácter regional más que nacional, y que deben asumirse mediante la oferta académica científica-técnica integrada de las universidades del grupo.

II. Programas de Movilidad:
PROGRAMA ESCALA estudiantil y docentes. Tiene como sustento teórico y guía de actuación el siguiente enunciado: "Promover y facilitar la movilidad nacional e internacional del personal docente y de los estudiantes como elemento esencial de la calidad y la pertinencia de la educación superior".

III. Programas Específicos:
Se destaca por su nivel de importancia las Jornadas de Jóvenes Investigadores y /o en formación.
Las Jornadas se convierten en un hecho anual importantísimo, extremadamente movilizador para la universidad sede. Es también un elemento significativo en la difusión interna de las acciones que lleva adelante el Grupo Montevideo y se las valora como una herramienta más del proceso de integración regional, poniendo de relieve la rica diversidad cultural que cada región posee.
En cuanto a otros proyectos, el Grupo Montevideo –a lo largo de su trayectoria– firmó con UNESCO contratos para la puesta en funcionamiento de las siguientes Cátedras: Cultura de Paz, Nuevas Técnicas de Enseñanza e Innovación Pedagógica en Enseñanza Superior y Microelectrónica.

IV. Actividades de Política Universitaria:
La situación actual de la AUGM dista mucho de la que corresponde al momento fundacional, pues del número de ocho universidades que suscribieron el acta fundacional, son en la actualidad veintidós las universidades miembros.
La articulación del trabajo con otras universidades es también una de las prioridades de la Asociación; ya se ha mencionado, por ejemplo, el programa de movilidades con el Grupo Coimbra[9]*,*

9 Grupo Coimbra es una red de universidades de Europa; fundado en 1985 se constituyó oficialmente

esto forma parte de una de las principales prioridades en el futuro inmediato. De la misma manera acontece con organismos internacionales como son UNESCO, IESALC, ACNUD, entre otros.

3) Movilidad de profesores e investigadores,
4) Acuerdos interinstitucionales,
5) Oferta educativa internacional,
6) Investigaciones conjuntas con grupos extranjeros,
7) Oferta de programas de enseñanza de idiomas y cultura locales,
8) Cooperación al desarrollo,
9) Internacionalización del currículum.

Consideraciones Finales

La resignificación del valor del conocimiento sirve de plataforma de los nuevos escenarios que se han configurado a escala mundial y regional, planteando desafíos a las instituciones de educación superior, en cuanto al grado de internacionalización que se requiere y las estrategias de cómo lograrlo.

En la actualidad la expansión de la educación superior en América Latina, en general, demuestra que el crecimiento de la población estudiantil universitaria ha crecido de manera exponencial, es decir, se pasó de menos de un millón de estudiantes que cursaban en la década del '60, a más de doce millones en la década del '90.

Por otra parte, se manifiesta una competencia fuerte de otras instituciones de educación superior no universitarias y un crecimiento de las universidades privadas, ejemplo de este fenómeno es el caso de Brasil, donde el 75% de la oferta de enseñanza universitaria se encuentra en el ámbito privado.

En este contexto actual la cooperación internacional responde a una necesidad en la medida que ninguna institución académica puede subsistir aislada, de allí el consenso de que forme parte integrante de los

en 1987.Congrega a 38 universidades, algunas de las cuales son de las más antiguas y prestigiosas del continente europeo (N. del Autor).

lineamientos y misiones institucionales de los establecimientos y sistemas de educación superior.

La internacionalización de la educación superior en Argentina encuentra, por un lado, a nivel gubernamental, el Programa de Promoción de la Universidad Argentina (PPUA), que busca mediante dos ejes de trabajo bien determinados cumplir con el objetivo de promover a la Universidad en el exterior, mejorando la presencia del país en el proceso de globalización de la educación superior.

Por otro lado, al interior de las universidades, encontramos que las estrategias adoptadas, no escapan al contexto general, donde la movilidad estudiantil y la constitución de redes interinstitucionales de carácter local, subregional y regional son los modos por excelencia donde se plasman las acciones en relación a la cooperación e internacionalización.

Capítulo III

Aspirantes extranjeros para el ingreso a las Universidades de la República Argentina

Mgter. Lucía G. Riveros / Colaboración: Cr.Pablo Pérez

Para los estudiantes extranjeros es una verdadera aventura estudiar en Argentina, pues el país promociona su alta calidad universitaria, posee un tipo de cambio favorable y atractivos turísticos y culturales.

Según la nota de La Voz del Interior, hace una década alrededor de 500.000 estudiantes dejaban sus universidades de origen para completar su formación en otro país. Actualmente son tres millones.

Este fenómeno está impactando fuertemente en Latinoamérica, pero particularmente en Argentina. La tendencia se expresa más claramente en las universidades privadas porque ellas se adaptan más fácilmente a las necesidades del mercado. Es decir, este tipo de instituciones están mejor preparadas para este *alud* de alumnos de otros países y, por lo tanto, tienen mejor infraestructura para hacer frente a esta situación.

La Universidad Nacional de Córdoba logró sancionar en el año 2008 una norma para hacer frente a la avalancha de estudiantes extranjeros.

Argentina está en cuarto lugar en el continente, según algunas fuentes, después de Estados Unidos, Canadá y Uruguay, en cuanto a la recepción de alumnos de otros países. Hoy son 24.000 estudiantes extranjeros, estimándose para el año 2012, 90.000.

En Buenos Aires se quedan la mayoría de los estudiantes internacionales, pues seis de cada diez van a estudiar a la UBA o a alguna universidad privada o del Gran Buenos Aires.

A continuación se describen los aspirantes extranjeros por países y por tipo de carreras que consultan a través de la Web, para empezar a estudiar en Argentina. Los solicitantes que más hicieron consultas son de

Colombia, Chile, Ecuador y Perú. La carrera de grado más solicitada es Medicina, y la mayoría de los interesados son de Colombia.

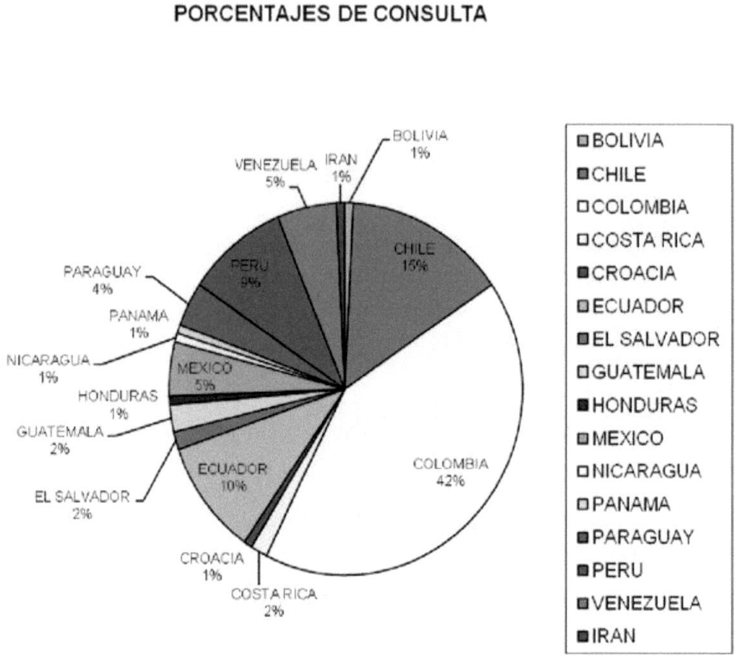

Cuadro 3

Las consultas son en su mayoría referidas a carreras de grado.

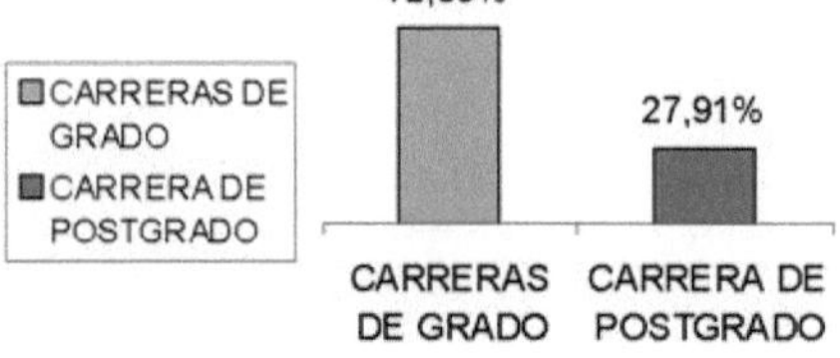

Cuadro 4

El siguiente gráfico muestra, sobre un total de 130 consultas, que el 64,34% de las consultas son realizadas por personas que estarían interesadas en comenzar el estudio de una carrera de grado en el país *"Aspirantes"*; el 24,81% se refiere a personas interesadas en realizar alguna especialización o postgrado *"Matriculados"*; y el restante corresponde a estudiantes de carreras de grado que están interesados en culminar sus carreras en el país a través de intercambios estudiantiles u otro medio.

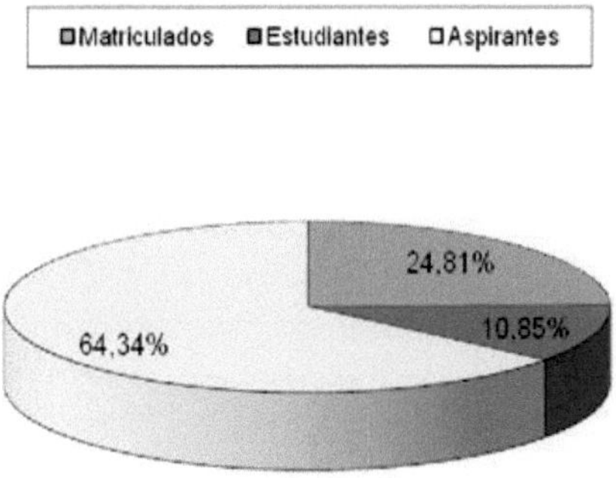

Cuadro 5

Tabulación de consultas en la Web por estudiantes extranjeros[10]

País	Carrera de Grado	Carrera de Posgrado	Género	Condición
COLOMBIA		IMPLANTOLOGÍA ORAL	F	M
COLOMBIA		PEDIATRA	F	M
CHILE	PSICOLOGÍA		F	E
PERÚ	RELACIONES INTERNACIONALES		M	A
PERÚ	DISEÑO DE MODAS		M	A
COLOMBIA		ESP. EN FINANZAS	F	M

10 Fuente: Blog Estudiar Fuera *"Argentina Un imán para los estudiantes Extranjeros"*. Dirección URL: http://www.universia.com.ar, fecha de consulta

COLOMBIA	MEDICINA		M	A
COLOMBIA	ADM. DE EMPRESAS		F	A
GUATEMALA	DISEÑO DE MODAS		F	A
VENEZUELA	GENÉTICA		F	A
PERÚ	DISEÑO INDUSTRIAL		F	E
COLOMBIA	ING. ELECTRÓNICA		F	E
COLOMBIA		MARKETING	F	M
COLOMBIA		GENÉTICA	M	M
CHILE	MEDICINA		F	E
COLOMBIA		PEDIATRÍA	F	M
CHILE	MEDICINA		M	A
COLOMBIA		PEDIATRÍA	M	M
CHILE		ORTOPEDIA	M	M
COLOMBIA	ARTE CULINARIO		F	A
CHILE	COM. AUDIOVISUAL		M	A
COLOMBIA		Esp. en la rama de CONT. PÚBLICO	F	M
CHILE	ENFERMERÍA		F	A
COLOMBIA	ACTUACION		F	A
COLOMBIA		Esp. en la rama de CONT. PÚBLICO	F	M
PARAGUAY		OBSTETRICIA	F	M
PERÚ	HISTORIA		M	A
MÉXICO	MEDICINA		F	A

PERÚ		ESP. EN MARKETING	F	A
ECUADOR		POST. EN DERECHO	F	M
VENEZUELA	MEDICINA		F	A
CROACIA		RELACIONES INTERNACIONALES	M	M
PERÚ	MEDICINA		F	A
CHILE	ING. BIOTECNOLOGÍA		F	A
PARAGUAY	ACTUACIÓN		M	A
PERÚ	MÚSICA		F	E
ECUADOR	MEDICINA		F	E
COLOMBIA	COM. SOCIAL		M	E
VENEZUELA		MAEST. EN ARQUITECTURA	F	M
ECUADOR	MEDICINA		M	A
COLOMBIA	PUBLICIDAD		M	A
COLOMBIA		POST. EN FILOSOFÍA	F	M
EL SALVADOR	ARTE CULINARIO		F	A
COLOMBIA	DERECHO		F	A
PERÚ	TURISMO Y HOTEL.		M	A
COLOMBIA		POST. EN INGENIERÍA SANITARIA	F	M
MÉXICO		MAES. EN SEGURIDAD NACIONAL	M	M
NICARAGUA	BELLAS ARTES		F	A
COLOMBIA	DISEÑO DE ESPACIOS		F	A
COLOMBIA		EN ARTES Y ESTÉTICA	M	A

CHILE	DISEÑO		F	A
ECUADOR	ING. PETROQUÍMICA		M	A
ECUADOR		PEDIATRÍA	F	M
CHILE		POST. EN ODONTOLOGÍA	M	M
ECUADOR	ACTUACIÓN		M	A
PERÚ	INFORMÁTICA		M	A
ECUADOR	MEDICINA		F	E
ECUADOR	TERAPIA FÍSICA		F	A
CHILE	ODONTOLOGÍA		F	A
VENEZUELA		MAEST. EN TELECOMUNICACIONES	M	A
COLOMBIA	ING. PETROQUÍMICA		M	A
COLOMBIA		DISEÑO URBANÍSTICO	F	M
GUATEMALA	MEDICINA		F	A
COLOMBIA	MEDICINA		F	A
COLOMBIA	MEDICINA		F	A
PERÚ	ING. CIVIL		M	A
COLOMBIA	DISEÑO INDUSTRIAL		F	A
COLOMBIA		ING. DE DIRECCIÓN INDUSTRIAL	M	M
COLOMBIA		LOGÍSTICA	F	M
COLOMBIA	MEDICINA		M	A
ECUADOR	DISEÑO DE INTERIORES		F	A
PERÚ	MEDICINA		F	A

MEXICO		Esp. en PSICOPEDAGOGÍA	F	M
CHILE	EDUC. FÍSICA		M	E
COLOMBIA	MEDICINA		F	A
COLOMBIA		CIRUGIA PLÁSTICA	F	M
CHILE	ODONTOLOGÍA		F	A
COLOMBIA	DISEÑO GRÁFICO		F	E
COLOMBIA	NEGOCIOS INTERNACIONALES		M	A
COLOMBIA	MEDICINA		M	A
EL SALVADOR		ESP. EN DERECHO	M	M
COLOMBIA		ORTOPEDIA	M	M
HONDURAS	MEDICINA		M	A
COLOMBIA	BELLAS ARTES		M	E
CHILE	BELLAS ARTES		F	A
COLOMBIA	ARQUITECTURA		F	A
PERÚ		CIRUGIA PLÁSTICA	M	M
COLOMBIA	MÚSICA		F	A
COLOMBIA	ARTES VISUALES		F	A
COLOMBIA	TURISMO Y HOTEL.		F	E
ECUADOR		MAEST. EN ARQUITECTURA	M	M
COLOMBIA	MEDICINA		M	E
ECUADOR	GASTRONOMÍA		M	A
COLOMBIA		LOGÍSTICA	F	A

COLOMBIA	MEDICINA		F	A
PANAMÁ	ADM. DE EMPRESAS		M	A
PARAGUAY	ARQUITECTURA		M	A
PARAGUAY	MEDICINA		M	A
CHILE	DISEÑO DE VESTUARIO		F	A
COSTA RICA	GASTRONOMÍA		F	A
PARAGUAY	ARQUITECTURA		F	A
CHILE	PROF. DE INGLÉS		M	A
COLOMBIA	ENFERMERÍA		M	A
COLOMBIA	PUBLICIDAD		F	A
CHILE	SOCIOLOGÍA		M	A
BOLIVIA	ENFERMERÍA		M	A
COLOMBIA		ESP. EN DERECHO	F	M
CHILE	ACTUACIÓN		M	A
VENEZUELA	ODONTOLOGÍA		F	A
COLOMBIA		ANESTESIOLOGÍA	M	M
VENEZUELA	DISEÑO Y PUBLICIDAD		F	A
COLOMBIA	ARTES VISUALES		M	E
MÉXICO	PSICOLOGÍA		F	A
MÉXICO	ARQUITECTURA		M	A
ECUADOR		TECNOLOGÍA CÁRNICA	F	M
ECUADOR	TURISMO Y HOTEL.		F	A

COLOMBIA	PERIODISMO DEPORTIVO		M	A
CHILE	MEDICINA		F	A
COLOMBIA	DISEÑO GRÁFICO		F	A
IRÁN	LENGUA Y LITERATURA		F	A
VENEZUELA		POST COMPUTACIÓN	M	M
COLOMBIA	ING. DE TELECOMUNICACIONES		M	A
COLOMBIA	ARQUITECTURA		M	A
COLOMBIA	ENFERMERÍA		F	A
GUATEMALA	MÚSICA		M	A
CHILE	ENFERMERÍA		F	A
MEXICO	MEDICINA		M	A
COLOMBIA	DISEÑO DE IMAGEN		F	A
COSTA RICA	ANESTESIOLOGIA		M	A

Cuadro 5

Ref. M: Matriculado. E: Estudiante. A: Aspirante

Ante la situación que describen las planillas anteriores, estadísticamente se observa lo siguiente:

El 57% de las personas que consultan son mujeres.

En el caso de los posgrados consultados, el 89% son estudiantes colombianos y están matriculados. En cuanto a estudiantes inscriptos en carreras de grado, el 50% son colombianos y en relación con los aspirantes, el 35% son de esa nacionalidad.

Se ha supuesto en general que los alumnos extranjeros que vienen a estudiar a la Argentina son los provenientes del MERCOSUR, pero tanto en este capítulo como en los próximos se puede afirmar que llega al país una importante cantidad de estudiantes colombianos. La mayor cantidad de interesados en comenzar el estudio de carreras de grado y posgrado en Argentina son los estudiantes de dicha nacionalidad, y en sus argumentos coinciden en que la inclinación hacia el país se funda en la calidad educativa que brindan las universidades nacionales, en que resulta mas viable desde un punto de vista económico, ya que el acceso a la educación superior en su país es muy costoso, y en la sencillez de los trámites necesarios, mencionando sólo como obstáculo la existencia de cupos anuales limitados para el ingreso.

En el Capítulo VIII se explicará cuáles son las razones posibles de la afluencia de estos estudiantes.

Capítulo IV

Normativas aplicables en la República Argentina, para los estudiantes extranjeros

Colaboración: Cr. Mauricio Vinanti

Las leyes que son aplicadas en la República Argentina en la temática que nos ocupa son las siguientes:

* Ley 25.871 - Ley de Migraciones.
* Disposición 20699/2006 – Dirección Nacional de Migraciones.
* Resolución Ministerial Nº 1523/90.
* Resolución Ministerial Nº 1379/98.
* Resolución Ministerial Nº 456/80 – Personal de Representaciones Diplomáticas.

A continuación se hará la descripción de las diferentes normativas que rigen en la República Argentina. Es necesario para el desarrollo del tema las siguientes nociones para poder comprender determinados significados de la normativa.

Conceptos previos

Inmigrante: todo aquel extranjero que desee ingresar, transitar, residir o establecerse definitiva, temporaria o transitoriamente en el país conforme a la legislación vigente.

En ningún caso la irregularidad migratoria de un extranjero impedirá su admisión como alumno en un establecimiento educativo, ya sea este público o privado; nacional, provincial o municipal; primario, secundario, terciario o universitario. Las autoridades de los establecimientos educativos deberán brindar orientación y asesoramiento respecto de los trámites correspondientes a los efectos de subsanar la irregularidad migratoria. (Art Nº 7, Ley 25.871)

Se considerará *residente permanente* a todo extranjero que, con el propósito de establecerse definitivamente en el país, obtenga de la Dirección Nacional de Migraciones una admisión en tal carácter. Asimismo, se considerarán residentes permanentes los inmigrantes parientes de ciudadanos argentinos, nativos o por opción, entendiéndose como tales al cónyuge, hijos y padres.

A los hijos de argentinos nativos o por opción que nacieren en el extranjero se les reconoce la condición de residentes permanentes. Las autoridades permitirán su libre ingreso y permanencia en el territorio. (Art. 22, Ley 25.871)

Se considerarán *residentes temporarios* todos aquellos extranjeros que, bajo las condiciones que establezca la reglamentación, ingresen al país en las siguientes subcategorías:

a) Trabajador migrante: quien ingrese al país para dedicarse al ejercicio de alguna actividad lícita, remunerada, con autorización para permanecer en el país por un máximo de tres (3) años, prorrogables, con entradas y salidas múltiples, con permiso para trabajar bajo relación de dependencia;

b) Rentista: quien solvente su estadía en el país con recursos propios traídos desde el exterior, de las rentas que éstos produzcan o de cualquier otro ingreso lícito proveniente de fuentes externas. Podrá concederse un término de residencia de hasta tres (3) años, prorrogables, con entradas y salidas múltiples;

c) Pensionado: quien perciba de un gobierno o de organismos internacionales o de empresas particulares por servicios prestados en el exterior una pensión cuyo monto le permita un ingreso pecuniario regular y permanente en el país. Podrá concederse un término de residencia de hasta tres (3) años, prorrogables, con entradas y salidas múltiples;

d) Inversionista: quien aporte sus propios bienes para realizar actividades de interés para el país. Podrá concederse un término de residencia de hasta tres (3) años, prorrogables, con entradas y salidas múltiples;

e) Científicos y personal especializado: quienes se dediquen a actividades científicas, de investigación, técnicas, o de asesoría, contratados por entidades públicas o privadas para efectuar trabajos de su especialidad. De igual forma, directivos, técnicos y personal administrativo de entidades públicas o privadas extranjeras de carácter comercial o industrial, trasladados desde el exterior para cubrir cargos específicos en sus empresas y que devenguen honorarios o salarios en la República Argentina. Podrá concederse un término de residencia de hasta tres (3) años, prorrogables, con entradas y salidas múltiples;

f) Deportistas y artistas: contratados en razón de su especialidad por personas físicas o jurídicas que desarrollan actividades en el país. Podrá concederse un término de residencia de hasta tres (3) años, prorrogables, con entradas y salidas múltiples;

g) Religiosos de cultos reconocidos oficialmente, con personería jurídica expedida por el Ministerio de Relaciones Exteriores, Comercio Internacional y Culto, que ingresen al país para desarrollar en forma exclusiva actividades propias de su culto. Podrá concederse un término de residencia de hasta tres (3) años, prorrogables, con entradas y salidas múltiples;

h) Pacientes bajo tratamientos médicos: para atender problemas de salud en establecimientos sanitarios públicos o privados, con autorización para permanecer en el país por un año, prorrogable, con entradas y salidas múltiples. En caso de personas menores de edad, discapacitados o enfermos que por la importancia de su patología debieran permanecer con acompañantes, esta autorización se hará extensiva a los familiares directos, representante legal o curador;

i) Académicos: para quienes ingresen al país en virtud de acuerdos académicos celebrados entre instituciones de educación superior en áreas especializadas, bajo la responsabilidad del centro superior contratante. Su vigencia será por el término de hasta un (1) año, prorrogable por idéntico período cada uno, con autorización de entradas y salidas múltiples;

j) *Estudiantes: quienes ingresen al país para cursar estudios secundarios, terciarios, universitarios o especializados reconocidos, como alumnos regulares en establecimientos educativos públicos o privados reconocidos oficialmente, con autorización para permanecer en el país por dos (2) años, prorrogables, con entradas y salidas múltiples. El interesado deberá demostrar la inscripción en la institución educativa en la que cursará sus estudios y, para las sucesivas renovaciones, certificación de su condición de estudiante regular;*

k) Asilados y refugiados: aquellos que fueren reconocidos como refugiados o asilados se les concederá autorización para residir en el país por el término de dos (2) años, prorrogables cuantas veces la autoridad de aplicación en materia de asilo y refugio lo estime necesario, atendiendo a las circunstancias que determine la legislación vigente en la materia;

l) Nacionalidad: ciudadanos nativos de Estados parte del MERCOSUR, Chile y Bolivia, con autorización para permanecer en el país por dos (2) años, prorrogables con entradas y salidas múltiples; (Nota Infoleg: Por Art. 1° de la Disposición N° 29.929/2004 de la Dirección Nacional de Migraciones B.O. 21/9/2004 se considera que el detalle de países incluidos en el presente inciso es meramente enunciativo, debiendo considerarse incluidos a todos los Estados Parte y Asociados del MERCADO COMUN DEL SUR (MERCOSUR)).

m) Razones Humanitarias: extranjeros que invoquen razones humanitarias que justifiquen a juicio de la Dirección Nacional de Migraciones un tratamiento especial;

n) Especiales: quienes ingresen al país por razones no contempladas en los incisos anteriores y que sean consideradas de interés por el Ministerio del Interior y el Ministerio de Relaciones Exteriores, Comercio Internacional y Culto. (Art. 23, Ley 25.871).

La Disposición N° 20699/2006 determina los requisitos que deberá cumplimentar ante los diferentes organismos para obtener una residencia temporaria según el Art. N° 23 de la Ley 25.871. Realiza una primera diferenciación en cuanto a las condiciones a cumplimentar dependiendo si se trata de un estudiante extranjero proveniente de países del MERCOSUR o EXTRAMERCOSUR, y a su vez dentro de estos últimos si necesita obtener visa para ingresar al país. Dentro de los estudiantes de países EXTRAMERCOSUR, define a seis tipos:

* DE LOS ESTUDIANTES FORMALES. Se entiende como estudiante formal a toda persona extranjera nativa de un país EXTRAMERCOSUR que solicite residencia en la REPUBLICA ARGENTINA por estar inscripta como alumno regular en un establecimiento educativo público o privado perteneciente al sistema de enseñanza oficial, a fin de cursar estudios oficialmente reconocidos de nivel secundario, terciario, universitario o de posgrado.
* DE LOS ASISTENTES A CURSOS NO FORMALES. Se entiende como asistente a curso no formal a la persona extranjera nativa de un país EXTRAMERCOSUR que esté

inscripta o sea requerida para ingresar al Territorio Nacional a fin de asistir a un curso que no pertenezca al sistema oficial de educación, aunque sea dictado por una institución educativa reconocida oficialmente. El beneficio migratorio a otorgar será una residencia transitoria especial, conforme lo normado por el Artículo 24 inciso h) de la Ley Nº 25.871. El tiempo de permanencia autorizado será de UN (1) año, excepto que el plazo de duración del curso sea inferior, en cuyo caso el término de residencia será el de la duración del mismo. Dicho beneficio, en su caso, podrá prorrogarse exclusivamente ante la DIRECCION NACIONAL DE MIGRACIONES hasta el plazo de finalización del curso.

* DEL INTERCAMBIO CULTURAL. Se considerará miembro de un programa de intercambio cultural, a toda persona extranjera nativa de un país EXTRAMERCOSUR que sea requerida para ingresar al Territorio Nacional como participante de un programa de intercambio cultural, bajo la organización de las entidades contempladas en la Disposición DNM Nº 19 de fecha 29 de agosto de 1994 u otras instituciones de similar naturaleza. El beneficio migratorio a otorgar será una residencia transitoria especial, conforme lo normado por el Artículo 24 inciso h) de la Ley Nº 25.871. El tiempo de permanencia autorizado será de UN (1) año, excepto que el plazo de duración del programa de intercambio sea inferior, en cuyo caso el término de permanencia será el de la duración del mismo. Dicho beneficio, en su caso, podrá prorrogarse exclusivamente ante la DIRECCION NACIONAL DE MIGRACIONES hasta el plazo de finalización del programa de intercambio.
* DEL INTERCAMBIO ESTUDIANTIL. Se considerará miembro de un programa de intercambio estudiantil a toda persona extranjera nativa de un país EXTRAMERCOSUR que solicite residencia en virtud de un convenio o acuerdo internacional de intercambio estudiantil, celebrado entre la institución educativa de nivel secundario, terciario, universitario o de postgrado a la cual asiste en el exterior y una institución educativa de nivel secundario, terciario, universitario o de postgrado oficialmente reconocida en la REPUBLICA ARGENTINA, a fin de cursar en forma parcial estudios

alcanzados por el sistema de educación oficial. El tiempo de permanencia autorizado será de UN (1) año, excepto que el plazo de duración del programa de intercambio sea inferior, en cuyo caso el término de permanencia será el de la duración del mismo. Dicho beneficio, en su caso, podrá prorrogarse exclusivamente ante la DIRECCION NACIONAL DE MIGRACIONES hasta el plazo de finalización del programa de intercambio.

* DE LOS PASANTES. Se considerará pasante a: a) Toda persona extranjera nativa de un país EXTRAMERCOSUR que, en virtud de un convenio internacional suscripto entre una entidad educativa nacional pública o privada reconocida oficialmente y una entidad educativa extranjera, sea requerida para ingresar al Territorio Nacional a fin de realizar prácticas relacionadas con su estudio, formación y especialización, y b) Toda persona extranjera nativa de un país EXTRAMERCOSUR que, en virtud de un requisito de su plan de estudios en el extranjero, sea requerida por una entidad educativa nacional pública o privada reconocida oficialmente para ingresar al Territorio Nacional a fin de realizar prácticas relacionadas con su estudio, formación y especialización. El beneficio a otorgar a los pasantes será una residencia transitoria especial, conforme lo normado por el Artículo 24 inciso h) de la Ley Nº 25.871. El tiempo de permanencia autorizado será de UN (1) año, excepto que el plazo de duración de la pasantía sea inferior, en cuyo caso el término de residencia será el de la duración de la misma. Dicho beneficio, en su caso, podrá prorrogarse exclusivamente ante la DIRECCION NACIONAL DE MIGRACIONES hasta el plazo de finalización de la pasantía.
* DE LOS ESTUDIOS PARCIALES. Quedan alcanzados por el presente Título, aquellas personas extranjeras nativas de un país EXTRAMERCOSUR que estén inscriptas o sean requeridas para ingresar al Territorio Nacional por una institución educativa reconocida oficialmente, a fin de cursar una o varias materias de una carrera formal sin intención de finalizar la misma, o asistir en forma parcial a un curso no formal por ella dictado. El beneficio a otorgar a las personas extranjeras contempladas en el presente Título, será una residencia transitoria especial conforme lo normado por el Artículo 24 inciso h) de la Ley Nº

25.871. El tiempo de permanencia autorizado será de UN (1) año, excepto que el plazo de duración de los estudios o cursos parciales sea inferior, en cuyo caso el término de residencia será el de la duración de los mismos. Dicho beneficio, en su caso, podrá prorrogarse exclusivamente ante la DIRECCION NACIONAL DE MIGRACIONES hasta el plazo de finalización de los estudios o cursos parciales.

Las personas extranjeras nativas de países MERCOSUR o EXTRAMERCOSUR que ingresen al país como turistas podrán cursar estudios formales o asistir a cursos no formales sin necesidad de cambiar su situación migratoria, siempre que tales actividades tengan una duración menor o igual al plazo de residencia otorgado al momento de su ingreso (Art. 70, Ley 25.871).

Requisitos para ingresar y estudiar en la Argentina

Estudiantes extranjeros residentes en el país:

Se rigen por las mismas normas que se aplican a los estudiantes argentinos. Los interesados tienen que solicitar la inscripción directamente en la universidad en la que deseen llevar a cabo sus estudios. El régimen prevé la reválida previa de estudios secundarios realizados en sus respectivos países de origen.

Estudiantes extranjeros no residentes en el país:

Para aquellos que deseen cursar una carrera en una institución universitaria nacional: los Alumnos Extranjeros NO residentes en el país deben dirigirse al Consulado Argentino en los respectivos países de origen y solicitar una vacante bajo el régimen de la Resolución Ministerial Nº 1523/90.

Se pretende evitar que el sistema regido por la Resolución mencionada se constituya como el único y excluyente para la admisión de estudiantes extranjeros, limitando el ingreso de aquellos aspirantes que hubieran decidido radicarse definitivamente en nuestro país, para los cuales se mantiene vigente el régimen que prevé la reválida previa de estudios secundarios realizados en sus respectivos países de origen.

La Disposición N° 20699 de la Dirección Nacional de Migraciones (DNM) establece distintos tipos de estudiantes internacionales, tanto para incorporarse a carreras universitarias, como para desarrollar cursos cortos, pasantías o participar de programas de intercambio universitario. El procedimiento planteado por la resolución ministerial es el siguiente:

Cada universidad nacional instituirá anualmente un cupo de vacantes a ser ocupadas por estudiantes extranjeros, sin residencia en el país, que deseen cursar carreras universitarias.

El Ministerio de Educación y Justicia comunicará al Ministerio de Relaciones Exteriores y Culto los cupos ofrecidos por cada universidad nacional y las fechas de iniciación de los cursos de cada facultad, a fin de que la Cancillería formule las asignaciones por países, de acuerdo con pautas que esta misma fije al respecto, lo que será informado por la Dirección General de Asuntos Culturales de la misma a cada una de las embajadas argentinas acreditadas en el exterior, las que serán la única instancia que tendrá la responsabilidad del otorgamiento de los mencionados cupos.

Posteriormente, cada una de las embajadas argentinas acreditadas en los países de origen de los estudiantes extranjeros comunicarán al Ministerio de Relaciones Exteriores y Culto, Dirección General de Asuntos Culturales, en planillas separadas por cada universidad en la que se adjudicaron vacantes:

a) apellido y nombre de cada alumno extranjero a quien se le ha concedido el cupo oficial;

b) universidad;

c) facultad, escuela o instituto;

d) carrera;

e) número de pasaporte;

f) número de visa de estudiante otorgada por el consulado de la jurisdicción.

El Ministerio de Relaciones Exteriores y Culto, Dirección General de Asuntos Culturales, comunicará los antecedentes mencionados en el artículo precedente a este Ministerio -Dirección Nacional de Asuntos Universitarios- quién procederá a ponerlos en conocimiento de las respectivas universidades nacionales.

Los estudiantes extranjeros ingresarán directamente a la universidad asignada para iniciar sus estudios, quedando eximidos de cumplimentar los requisitos generales de reválida de los estudios de nivel medio, sin perjuicio de los requisitos que cada universidad considere necesario aplicar para la correcta evaluación del candidato.

La embajada argentina, antes de proceder a la inscripción, determinará pruebas de evaluación para aquellos aspirantes extranjeros cuyo idioma nacional de origen no sea el español, a efectos de garantizar un mínimo de conocimientos básicos de esta lengua que faciliten el proceso de aprendizaje en la carrera o disciplina elegida, sin perjuicio de la prueba que sobre el tema tome la universidad a la presentación del aspirante, para comprobar su dominio de la lengua española.

El estudiante extranjero acogido a este régimen podrá cambiar de carrera o universidad, con causas debidamente documentadas, siempre que la universidad se lo autorice, la que informará al Ministerio de Educación y Justicia, Dirección Nacional de Asuntos Universitarios, una vez cumplido el trámite

Los encuadrados en el régimen que prevé esta resolución deberán mantener su condición de temporario-estudiante, durante el tiempo que permanezcan realizando sus estudios, debiendo la universidad certificar anualmente la calidad de alumno regular, de acuerdo con sus propias reglamentaciones sobre el particular. A los efectos de las renovaciones periódicas, es condición ineludible y exigida por la Dirección Nacional de Migraciones la presentación conjunta de pasaporte válido y la certificación antes aludida.

Los alumnos extranjeros comprendidos en este régimen, una vez graduados, no quedarán habilitados para ejercer su actividad científica o profesional en la República Argentina, debiendo cada universidad dejar constancia de esta limitación en el reverso del diploma que acredite la finalización de sus estudios, conforme al siguiente texto: *"Graduado conforme al régimen especial establecido por la resolución 1523/90, no estando habilitado para ejercer su profesión en la República Argentina, salvo expresa autorización del Ministerio de Educación y Justicia."*

Esta exención mencionada deberá ser tramitada directamente por el interesado ante la Dirección Nacional de Gestión Universitaria, mediante presentación escrita en la cual deberá exponer detalladamente las causas debidamente fundamentadas.

Estudiantes extranjeros – Personal de Representaciones Diplomáticas
Las Universidades Nacionales inscribirán en las carreras que en ellas se dictan al personal extranjero de representaciones diplomáticas debidamente acreditados ante nuestro gobierno, y a sus cónyuges e hijos, quienes por tal condición quedarán exentos de cumplimentar los requisitos de equivalencias de nivel secundario con el Bachillerato Argentino, como así también con las pruebas de selección y admisión vigentes para las universidades.

Las vacantes a asignar al mencionado personal y a sus familiares directos, señalados en el artículo anterior, no estarán comprendidas dentro de los cupos que anualmente se fijan para aspirantes nacionales y extranjeros.

Los pedidos de inscripción deberán ser suscriptos por la máxima autoridad de la representación diplomática de la cual dependa el postulante, y canalizados a través del Ministerio de Relaciones Exteriores y Culto, Departamento de Asuntos Culturales, organismo que, previa certificación de la calidad de diplomático del requirente, lo girará para su tramitación a la Subsecretaría de Asuntos Universitarios antes del 31 de marzo de cada año.

Al formalizar su inscripción definitiva en la Facultad o Departamento de la universidad en la que se hubiere asignado la vacante, el aspirante deberá presentar la siguiente documentación:

a) Pasaporte diplomático o constancia que certifique su condición de funcionario extranjero acreditado ante el Gobierno argentino, y en caso de ser familiar directo la documentación que acredite el vínculo o grado de parentesco.

b) Certificado de finalización de estudios secundarios, debidamente legalizado.

En caso de cesación de servicios o traslado del funcionario o familiar que se encontrare cursando una carrera universitaria por este régimen, podrá optar entre permanecer en la universidad hasta la finalización de sus estudios dentro de las condiciones establecidas, o solicitar la cancelación de su matrícula, debiéndosele entregar en este último caso un certificado que acredite las materias aprobadas hasta el momento del cese. En caso que resolviere proseguir sus estudios, la universidad le extenderá un certificado en el cual conste su condición de alumno regular, a los efectos de ser presentado ante la Dirección Nacional de Migraciones para la tramitación y/o renovación de su residencia temporaria como estudiante en la República Argentina.

A los alumnos comprendidos en el régimen de la presente Resolución se les otorgará, a la finalización de su carrera, el diploma correspondiente, dejando en su anverso la siguiente constancia: *"Graduado conforme con el régimen de la Resolución Nº 456/80 no pudiendo por lo tanto ejercer la profesión en la República Argentina, salvo expresa autorización del Ministerio de Cultura y Educación.*

Las Universidades solicitan que el estudiante presente, al momento de inscribirse, una copia de la póliza del seguro de salud internacional. La cobertura del seguro deberá abarcar el período total de su estadía en Argentina e incluir eventuales gastos de repatriación y/o evacuación. Este tipo de seguro usualmente incluye cobertura en caso de accidentes, muerte o invalidez parcial y/o total. Los seguros de salud ofrecidos por las tarjetas de crédito no son suficientes para el tipo de cobertura requerida.

Beneficios para ciudadanos extranjeros:

Programa *Fullbright*: el objetivo es brindar a estudiantes estadounidenses de grado o posgrado, jóvenes profesionales y artistas, la oportunidad de realizar en nuestro país estudios e investigaciones vinculados a su desarrollo profesional. Además de los requisitos generales de selección, los estudiantes que soliciten una beca para estudiantes deberán poseer un buen nivel de español, tanto oral como escrito, al momento de postularse.
Las Universidades Nacionales y los Institutos Nacionales, salvo excepciones, no cobran tasas por los estudios de grado o pre-grado. Los trámites administrativos (emisión de certificados, constancias de estudios) se cobran según las reglamentaciones que cada institución establece.

Las Universidades Privadas y los Institutos Privados establecen de manera independiente los aranceles para sus estudios, por lo que debe realizarse la consulta en cada institución. De manera orientadora las carreras de las áreas de Administración, Derecho y Educación tienen aranceles más bajos que los que corresponden a las Ingenierías, y éstas inferiores a Arquitectura y Medicina.

Normativa para los casos de la UNVM y de la UNC

- *Universidad Nacional de Villa María*

  Se rige por las normas nacionales en materia de ingreso de alumnos extranjeros. Realiza la aclaración que a los alumnos extranjeros con residencia en el país se les otorgará igual trato que a los alumnos argentinos. Podrán cursar carreras de grado siempre y cuando presenten la documentación que avale su residencia y título de nivel medio revalidado. Además, deberán cumplimentar los requisitos de ingreso vigentes en la matriculación a la Universidad.

  Por otro lado, a los alumnos que revistan la condición de Residente Temporario les será de aplicación la normativa nacional, la solicitud será remitida por la Dirección Nacional de Asuntos Universitarios una vez que hubiese cumplimentado con todos los requisitos. Además, la Universidad exigirá la aprobación de una prueba de conocimiento del idioma castellano a aquellos estudiantes cuyo idioma nacional no sea el español. Posteriormente deberán aprobar el curso de ingreso.

  La Secretaría Académica de la UNVM, previo informe del Instituto respectivo, expedirá el certificado para la renovación de la radicación del alumno extranjero.

  El cupo lo establece la Universidad anualmente y será del 8% sobre el número total de ingresantes a la UNVM en el periodo lectivo inmediatamente anterior.

  La normativa no realiza una distinción con respecto al tipo de estudio, si son parciales o completos; considera la inscripción del alumno para cursar una carrera de grado en la Universidad sin especificar el tiempo que el alumno permanecerá en la institución.

- *Universidad Nacional de Córdoba:*

  Por Resolución del Consejo Superior establece un Estudiante Regular Internacional que estará en condiciones de inscribirse en una o más asignaturas sin cursar en forma completa las carreras de grado correspondientes y realizar investigaciones, prácticas u otras actividades académicas. Los mismos pueden provenir de programas de intercambio bilaterales o multilaterales, de convenios de cooperación de intercambio estudiantil donde se verifique la condición de reciprocidad, de centros universitarios extranjeros, de otras universidades sin convenio alguno con la Universidad Nacional de Córdoba o que no sean estudiantes universitarios y que deseen realizar estudios parciales en la institución.

El ingreso lo tramitarán en la Prosecretaría de Relaciones Internacionales; en el caso que provengan de otras universidades, éstas deberán remitir la solicitud de admisión. Se les exigirá un plan académico que incluya un detalle de los estudios a realizar, y los alumnos que no acrediten su nivel de español mediante examen estandarizado, deberán aprobar un examen para acceder al certificado de Español Lengua y Uso (CELU).

La Universidad remitirá una carta de aceptación a los alumnos que cumplan con los requisitos, la que será enviada a la Oficina de Relaciones Internacionales de las universidades de origen o se le entregará directamente al estudiante cuando no sea universitario.

La matriculación definitiva deberá tramitarse en las condiciones de cada Unidad Académica. Deberá acreditar la contratación de un seguro de salud internacional de cobertura amplia, seguro de vida, accidente y repatriación.

Los estudiantes regulares internacionales quedarán asimilados a los alumnos regulares nacionales en lo que respecta a sus derechos u obligaciones, con excepción del derecho a participar en elecciones y el beneficio del Plan Asistencia Social Solidario (PASOS).

La certificación de estudios realizados estará a cargo de la Prosecretaría de Relaciones Internacionales y deberá remitirla a la Universidad de origen o entregarla al estudiante personalmente en caso que no pertenezca a ninguna institución.

Establece la normativa el cobro de una tasa de servicios no académicos, destinada a cubrir los servicios administrativos y la creación de un fondo para servir de ayuda económica a los alumnos de la UNC que se postulen a estudios en el extranjero. La tasa es cuatrimestral y el monto es de U$D 350 para ciudadanos de países *de América Latina y U$D 500 para ciudadanos de otros países. Asimismo, la normativa plantea la posibilidad de estar eximido del pago en el caso que provinieran de programas de movilidad o de convenios de cooperación en los que existan condiciones de reciprocidad.*

Capítulo V

Sello de calidad para los alumnos extranjeros: "Educado en Argentina". Modelo extraído de Nueva Zelanda

Mgter. Lucía G. Riveros

Antes de tratar el tema *"Educado en Argentina"*, es necesario citar como antecedente al modelo de Nueva Zelanda.

Nueva Zelanda está compuesta por dos grandes islas y varias más de pequeñas dimensiones. Es una ex colonia británica que conserva la fidelidad a la reina, la cortesía, el hábito del té y de manejar por la izquierda. Todo esto lo combina con una sociedad joven: a) inmigración masiva de asiáticos; b) convivencia con los maoríes, los pobladores originarios de estas tierras. Juntos le dan un rostro multicultural a estas tierras.

Este país tiene cuatro millones de habitantes, naturaleza exuberante e indicadores que lo ubican en el Primer Mundo. Hoy, el 14,7% de la población es de origen maorí; el 6,5% proviene de las islas del Océano Pacífico y el 2,9% es de origen chino.

Se podría decir que es un país digno de imitar, pues las cifras son impactantes en términos generales: una desocupación del 4,6%; el 17,3% del gasto total está destinado a la educación; un ingreso promedio mensual aproximadamente de $ 4.300.

La sensación *primermundista* se siente en las calles, pues no hay ostentación millonaria ni de pobreza. Existe una atmósfera segura y un futuro previsible, tanto en la cosmopolita y poblada Auckland, como en la capital, Wellington –que tiene una importante vida cultural–, y la más británica, Christchurch, en la isla Sur.

Nueva Zelanda tiene muy claro que es una isla alejada del centro del planeta. Su clima es impredecible, como todo ambiente natural.

Este país necesita vincularse con el resto del mundo. Es por esta situación que ha explotado sus ventajas comparativas hasta convertirlas en *rentables industrias de exportación*[11].

El turismo y la educación son la cuarta industria exportadora, que se expande hacia Latinoamérica, en busca de nuevos mercados.

En el año 1989 una ley nacional promovió la apertura de las escuelas y universidades neozelandesas a los estudiantes extranjeros como *política de Estado*. Estimaron que tenían importantes ventajas de obtener un lugar bueno como destino de estudios de nivel superior[12]. Entre ellas, educación de calidad, en clases poco numerosas; un ambiente cálido y familiar; deportes, vida al aire libre; costos menores a los de Estados Unidos y Europa; un entorno seguro; un país sin problemas sociales y abierto a las innovaciones. Un país que se puede recorrer en poco tiempo ya que es pequeño, pero multicultural.

En el año 2000 el gobierno laborista de la primera ministra Helen Clark lanzó la estrategia para América Latina, que comenzó con vínculos comerciales y está avanzado en el campo cultural.

Desde aquél momento las instituciones educativas desplegaron estrategias conjuntas con el Ministerio de Educación para captar a los estudiantes fuera del país. Junto con el Ministerio de Educación, integran *Education New Zealand*, una asociación parcialmente financiada por el Estado, y debe adherir a un código de buenas prácticas para recibir a extranjeros. Con ellas colabora *New Zealand Trade&Enterprise*, una agencia nacional de promoción del país, en conjunto con la cancillería y desde sus propias oficinas, una en Buenos Aires.

La estrategia en conjunto dio sus frutos. En el año 2004, se llegó a 82.000 estudiantes extranjeros, la mayoría asiáticos, sobre todo de China, Malasia, Corea, e Islas del Pacífico.

El sector más fuerte es la *enseñanza del inglés* como lengua extranjera, que atrajo a más de la mitad de esos alumnos. Del resto, 14.000 estudiantes asistieron a universidades y 12.000 alumnos a colegios secundarios.

---

11 SAN MARTÍN, Raquel, *La Nación*, marzo de 21-03-04 2004.

12 Ibidem.

En Nueva Zelanda casi 2.700 escuelas primarias y secundarias, o sea el 86%, son de gestión estatal; 541 instituciones de educación superior, entre ellas 8 universidades públicas. *La educación pública es gratuita hasta terminar el nivel medio, pero los extranjeros deben pagar.* El país recibió por este concepto 1.700 millones de dólares neozelandeses en 2002. (Equivalente en aquél momento a 3.300 millones de pesos).

La otra *Política de Estado,* de largo plazo para esta apertura, es educar a líderes. Raquel San Martín del diario La Nación (21-03-04) relata lo que un funcionario expresó: *"... Queremos educar a líderes del futuro y ellos están en Asia y en América Latina. Cada persona se lleva el sello 'Educado en NZ' es un potencial embajador y una referencia para futuros negocios".*

El país creó su marca propia y se *"vende"* en el exterior como la *"New World Class"*, una expresión que puede traducirse como *aula del nuevo mundo o como aula de clase mundial,* de calidad reconocida internacionalmente.

La Universidad de Auckland, la más importante, con 35.000 estudiantes y un Centro de Estudios Latinoamericanos, dirigido por el argentino Ricardo Cicerchia, quien comentó:*"Nueva Zelanda puede ser una puerta de entrada en Asía para América Latina"*

Con estos antecedentes y teniendo en cuenta el modelo que se describió llevando el sello *"Educado en NZ"*, es que Argentina extrae de esta idea algo muy similar para el país.

El comienzo de *"Educado en Argentina"*

En el año 2003 Emiliano Néspola partió a Nueva Zelanda para hacer un posgrado en marketing. Encontró que el 80% de los estudiantes de su clase eran extranjeros y tendió redes de amistad con compañeros de las más variadas nacionalidades. Allí descubrió la industria del turismo educacional, que en Nueva Zelanda mueve 2.000 millones de dólares al año.

Este profesional trabajó para la Universidad de Auckland y a partir de su experiencia en aquél país emprendió lo mismo en Argentina, acompañado de otros amigos, y creó la primera asociación civil *"Educado en Argentina"*, dedicada a la promoción del país como destino de estudios, que durante el año 2009 prevé facturar un millón de pesos[13]. Según Néspola: *"Es un trabajo político y comercial. Por un lado, hay que hablar con las embajadas y, por el otro, las agencias de viajes y universidades"*.

Es así que en el año 2007 puso en Internet su página guía para los estudiantes. Al año siguiente consiguió registrarse como asociación civil y con ese respaldo comenzó con la búsqueda de alianzas, patrocinios y convenios. Es así que firmaron convenios con la Secretaría de Turismo y con Ministerios de Educación del país.

Además sumaron como auspiciantes a empresas vinculadas con el turismo y por supuesto a las universidades que forman parte de una guía que llegará a todas las embajadas argentinas de Latinoamérica, a las ferias de la industria turística educativa y a entidades educativas de otros países.

La guía es gratuita, se financia con los patrocinadores y forma parte de los ingresos de la asociación civil. La otra parte proviene del sitio *"Estudiar en Argentina"*. En esa guía está toda la oferta educativa de las universidades del país.

Con todos estos antecedentes es que comienza a promocionarse el *"aprender español en Argentina"* en las casas de Altos Estudios (universidades nacionales y privadas)

La idea se mantuvo en el modelo neozelandés, que principalmente promueve la enseñanza de inglés. Tomando al mismo en Argentina, surge la promoción de la *enseñanza del español.*

13 GARCÍA BARTELT, Mercedes, *La Nación,* febrero de 2009.

Capítulo VI

Alumnos extranjeros que aprenden el idioma español en las universidades de Argentina como centros de enseñanza principales del país

Mgter. Lucía G. Riveros

Los analistas muestran que la lengua es importante en la cooperación para la comprensión entre personas. Es así que en el mundo más de 400 millones de personas hablan español y más de 200 millones hablan portugués, lo que implica que 600 millones de personas pueden comunicarse entre sí en el espacio socio-cultural-geográfico iberoamericano14.

La Universidad de Salamanca (España), desde hace algunos años implementó un servicio académico de certificación del conocimiento del español como lengua extranjera, equivalente a la prueba de inglés que realiza con distintos niveles la Universidad de Cambridge, en Inglaterra.

La Argentina, comparativamente con España, ofrece una gran ventaja competitiva para los cursos de idioma español para extranjeros: se pagan en pesos y no en dólares ni euros.

Algunos medios, expresan que: *"... En la Argentina existe una industria que crece sin ayuda, con una materia prima accesible y un mercado de consumidores que va en aumento. La enseñanza del español para alumnos extranjeros, que es una actividad rentable y en expansión, que en el año 2007 atrajo a casi 25.000 personas al país"*[15].

Desde el Estado, se creó el denominado *"Certificado de Español: Lengua y Uso (CELU)"*, una de las iniciativas de las universidades con aval del Ministerio de Educación, agregando además que la Secretaría de Turismo de la Nación como también la Subsecretaría de Turismo del Gobierno

14 SIUFI, Gabriela, op. cit., pág 140.

15 SAN MARTÍN, Raquel, "El español atrae estudiantes y negocios", *La Naciòn*, Buenos Aires, mayo de 2008.

de la Ciudad, a partir del año 2006, empezaron con las visitas a ferias internacionales con guías de las escuelas que enseñan español.

El Laboratorio de Idiomas es el único centro de idiomas oficial de la UBA, allí hay cursos de español para extranjeros. Quince horas semanales durante un mes, cuestan aproximadamente $ 700; mientras que, por ejemplo, 20 clases por semana durante el mismo tiempo en el Colegio Unamuno, en Salamanca, España, salen 416 euros (más de $ 2000). El laboratorio tenía en el año 2003, 90 inscriptos; en 2004, 204; en 2005, 284; y en el primer semestre del 2006, 350.

Según la Directora de la Asociación Argentina de Docentes de Español (AADE), vienen muchos alumnos de los Estados Unidos, de Europa y de Brasil a aprender español, creciendo cada año más la cantidad. En el año 2004 fueron 10.400 alumnos; en el año 2005 la cantidad creció en forma relevante, y la tendencia continúa en la actualidad..

Dando mayores precisiones y de acuerdo al informe anual que elabora desde el año 2004 la Dirección de Asuntos Culturales de la Cancillería y la Asociación Argentina de Docentes de Español (AADE), en el año 2007 el número de estudiantes de lengua española en el país creció un 50,9% con respecto al año anterior, con 24.878 alumnos registrados. Desde el año 2004, el crecimiento alcanza a casi el 138%.

La actividad de la enseñanza de español genera un importante movimiento de dinero. Por ejemplo, en España, sólo el Instituto Cervantes tiene un presupuesto de 100 millones de euros anuales, de los cuales 60 millones son aportados por el Gobierno español. Unos 20 millones de euros ingresan a través del dictado de los cursos y clases de español internacional y otros 20 millones llegan al instituto por la participación de capitales privados[16].

El Congreso de Brasil sancionó la obligatoriedad de enseñar el español en todos los establecimientos educativos primarios y secundarios, lo mismo ocurrió con los estudiantes universitarios brasileños, aunque ellos pensaron aprenderlo en la Argentina, particularmente en Córdoba, la provincia más adaptable y de fácil acceso por el transporte aéreo, para ellos. En el año 2007 se incrementó aproximadamente en un 20% la

16 SCIARROTTA, C., Industrias Culturales. Industrias Editorial y Otras Industrias Culturales Involucradas en la Enseñanza del Español como Lengua Extranjera, 2005.

cantidad de estudiantes brasileños que llegaron a Córdoba para estudiar español.

Todo este movimiento estudiantil impacta fuertemente en el turismo idiomático de los estudiantes extranjeros y también genera ingresos al país.

La Agencia Córdoba Turismo junto a Pro Córdoba, convocó a entidades educativas locales para concretar convenios de intercambio con sus pares brasileños.

El jefe de productos de la Agencia Córdoba Turismo encabezó una misión comercial a San Pablo a los fines de presentar el proyecto de *turismo idiomático*. Como respuesta a las gestiones realizadas por la Agencia, a fines del año 2007 arribaron 145 estudiantes brasileños para estudiar español en la Universidad Nacional de Córdoba, el Instituto Mariano Moreno y la Academia Oxford, en una primera etapa. Posteriormente se iniciaron otros convenios con la Universidad Nacional de Villa María, y otras universidades del sector privado como la Universidad Siglo XXI; las escuelas Coined, SET, Celec, Able, Spanish Central y Pasantías Argentinas.

Según datos estadísticos de la Agencia Córdoba Turismo, en el año 2007 ingresaron 2.051 estudiantes extranjeros, exclusivamente para estudiar español, de los cuales 390 provinieron de Brasil (20%).

Según el funcionario de la Agencia Córdoba Turismo, para el año 2010 las perspectivas son muy buenas, porque se implementará en Brasil la obligatoriedad de la enseñanza de español.

De acuerdo a la información que menciona el diario *La Mañana de Córdoba*, la permanencia de estos jóvenes universitarios es de cuatro semanas, con veinte horas de clases semanales y un gasto promedio que incluye el curso y alojamiento estimado entre U$D 900 y U$D 1.200.

La provincia de Córdoba tiene varias ventajas para los estudiantes brasileños respecto a otras opciones. Existe una conectividad aérea a través de los vuelos *Gol y Pluna*, precios hasta un 50% más bajos que Buenos Aires, una situación geográfica estratégica para viajar dentro del país y su tradición universitaria.

Se debe tener en cuenta que el producto Turismo Idiomático promociona cursos de enseñanza de español para extranjeros organizados por universidades y centros de enseñanza públicos y privados.

La diversidad de cursos es cada vez mayor. En Buenos Aires, por ejemplo, a los estudios convencionales se suma el español de negocios, combinado con tango, literatura y arte. En Mendoza o en la Patagonia, cultura del vino; español y deportes (clases alternadas de esquí, tenis, fútbol, polo o equitación) para el turismo de brasileños, chinos y refugiados.

Se están instalando, en las Cataratas del Iguazú, en el Glaciar Perito Moreno, en el recorrido vitivinícola de Mendoza y en la Patagonia, centros de enseñanza del idioma español, según el informe de la Dirección de Asuntos Culturales de la Cancillería y la Asociación Argentina de Docentes de Español (AADE), elaborado en el año 2007.

El mayor aporte de estudiantes proviene de Europa (el 40%). En segundo lugar está América del Norte, con el 36%. Si discriminamos por países, Estados Unidos es quien más aporta, con el 25% de estudiantes cada año. También se evidencia un crecimiento sostenido de alumnos de Brasil (16%). Los chinos y coreanos comienzan a tener una importante afluencia hacia Argentina.

Por otro lado, la Red de Cooperación Internacional de las Universidades Nacionales (RedCIUN) – Consejo Interuniversitario Nacional (Programas de Cooperación) con fecha Agosto/2008, menciona que se firmó un acuerdo o Programa de Cooperación Cultural y Educativa entre dichos países a través los Ministerios de Educación de la República Argentina y la República Popular de China. Dicho programa se asienta en los siguientes temas: cooperación educacional, entre las cuales se incluye la apertura de una escuela primaria bilingüe en la ciudad de Buenos Aires. para la que China enviaría profesores y material didáctico; la instalación en Argentina del Instituto Confucio, que promueve la enseñanza de chino en todo el mundo; el intercambio de profesores de español y chino; y la implementación en China del examen oficial de español como lengua extranjera.

A nivel de educación superior, el acuerdo mencionado propone formar una comisión de expertos de ambos países que determine las fortalezas y necesidades de cada uno. En virtud de ello se plantea la apertura de institutos binacionales virtuales de investigación en áreas prioritarias y de punta. También se estaría evaluando la posibilidad de dictar doctorados conjuntos y de implementar un sistema de becas de intercambio de estudiantes y profesores.

Los chinos miran con interés el idioma español y un sistema universitario que puede recibir a sus estudiantes. El ingreso restringido en sus universidades –unos siete millones de estudiantes aspiran a ingresar cada año, pero sólo lo logran un millón y medio de ellos– y su superioridad numérica empujan desde años a muchos jóvenes chinos a hacer sus carreras de grado y posgrado en el exterior. Para la Argentina el interés del intercambio está dado en el idioma chino, la experiencia de ese país en unir un mundo productivo con la educación y su sistema de enseñanza rural.

FIECA (Fundación para el intercambio educativo Chino-Argentino) es una entidad que se propone facilitar las actividades educativas de estudiantes universitarios chinos en la Argentina, interviniendo así en las relaciones y/o contactos entre gobierno y entidades chinas y argentinas con acciones específicas.

Todo este movimiento de estudiantes extranjeros en la Argentina que vienen específicamente a estudiar el idioma español produce un ingreso importante de divisas al país. Es así que empieza a generarse un nuevo tipo de turismo como es el *idiomático*. Además de los recursos que le ingresan a las diferentes universidades que dan este tipo de enseñanza, también se mueven una serie de rubros, como es la construcción, gastronomía, hotelería, agencia de viajes y todo lo que ello implica.

Capítulo VII

Trabajo de campo: La investigación sobre los alumnos extranjeros en las Universidades Nacionales de Argentina

Mgter. Lucía G. Riveros

El trabajo de campo que se menciona en el título se llevó a cabo a través de encuestas, diversas entrevistas y planillas donde se solicitó una determinada información a las universidades nacionales, para que posteriormente se puedan tabular. El modelo de las planillas figura como Anexo I.

Si bien se trató de conseguir información sobre la situación que se presenta en la mayoría de las universidades nacionales, pocas pudieron responder las planillas que fueron mandadas a los fines que pudieran ser completadas. Esta situación se presentó como un verdadero problema para continuar con la investigación.

Sin embargo, de los datos que se pudieron obtener se hicieron diversos análisis, pero se parte que desde las universidades nacionales en general no llevan un sistema de registro de alumnos extranjeros, sino que en muchas ocasiones los cargan en los sistemas de alumnos como otro estudiante argentino más. Esto es uno de los inconvenientes fundamentales, porque son pocas las instituciones que llevan estadísticas sobre esta temática en cuestión de carreras de grado, siendo además las mismas gratuitas. Quizás las carreras de posgrado puedan tener mejor información debido a que son aranceladas.

El debate siempre se ha dado en cuanto a si hay que cobrar aranceles a los alumnos extranjeros o si deben tener gratuidad para sus estudios universitarios, como se da en el caso de las Universidades Nacionales Argentinas.

Esto depende de sí son estudiantes que realizan las carreras completas de grado o si provienen de intercambio o cooperación internacional.

Hay pocas normativas sobre este último tema, pero la Universidad Nacional de Córdoba (UNC) hace muy poco tiempo implementó una Resolución específica para el tema de los alumnos extranjeros.

La UNC es pionera en este tipo de normativa, lo que implica una mejor organización en cuanto a todo lo que significa recibir alumnos extranjeros en el país (este tema se trata en el capítulo IV, en este caso se describirá brevemente a los fines de mencionar qué se está dando en la República Argentina). La ordenanza que regula lo anteriormente mencionado es la Nº 16/2008, que especifica los distintas condiciones de los estudiantes extranjeros en dicha Universidad.

Es así que trata sobre la inscripción de los estudiantes regulares internacionales, dividiéndolos en distintas categorías:

1. Estudiantes universitarios que provengan de Programas de Intercambio Bilaterales o Multilaterales suscriptos por la UNC con universidades o redes universitarias.
2. Estudiantes universitarios que provengan de Convenios de Intercambio Bilaterales o Multilaterales de Cooperación en los que se especifican los términos de un intercambio estudiantil.
3. Estudiantes universitarios que procedan de centros universitarios extranjeros con convenio con la UNC cuyos términos no especifiquen la movilidad estudiantil.
4. Aquellos estudiantes universitarios que proceden de universidades sin convenio alguno con la UNC.
5. Aquellos extranjeros que no sean estudiantes universitarios que deseen realizar estudios parciales en la UNC.

A partir de allí se establecen una serie de condiciones que deben cumplir los estudiantes universitarios extranjeros y se fija una *tasa de servicios no académicos*, que debe ser pagada cuatrimestralmente, como se describe a continuación:

a) Ciudadanos de países de América Latina: U$D 350.
b) Ciudadanos de otros países: U$D 500.

Esta tasa puede ser modificada mediante resolución del Honorable Consejo Superior (HCS) a propuesta de la Prosecretaría de Relaciones Internacionales (PRI), atendiendo al tipo de cambio existente en el país y evitando la depreciación de la misma.

Por otro lado esta ordenanza especifica la distribución y destino del monto recaudado a través de esta tasa de servicios no académicos, como a continuación se describe:

a) El 65% del total irá a formar parte de un Fondo de Reserva para la movilidad de estudiantes de la UNC hacia universidades extranjeras.
b) El 5% del total para la UNC, conforme lo dispone la Ord. HCS 4/95.
c) El 15% del total para la PRI, a los fines de cubrir los gastos destinados a brindar servicios administrativos a los estudiantes internacionales.
d) El 15% del total para la Facultad o Escuela dependiente de una Facultad que recibe al estudiante internacional, a los fines de cubrir los gastos de los servicios ofrecidos a los estudiantes internacionales.

El perfil de estudiante internacional que regula la UNC es el que viene a realizar estudios parciales o a completar su formación universitaria.

Esta ordenanza no incluye a los jóvenes de otros países, generalmente de América del Sur, que vienen a radicarse a Córdoba para realizar una carrera de grado completa. Ellos no pagarán ninguna tasa y seguirán monitoreados a través de la Secretaría de Asuntos Académicos del Rectorado y las distintas facultades.

En este caso, como todas las demás universidades públicas analizadas con los datos que han suministrado, la educación superior universitaria es gratuita para todos los estudiantes extranjeros.

Se consultaron un total de catorce universidades nacionales, de las cuales respondieron diez. enviándoles las planillas cuyos modelos están al final de la publicación.

Básicamente, con estas planillas se solicitaba:

a) Cantidad de alumnos extranjeros discriminados por tipo de programa. Los ítems son: Programas (carreras de grado; posgrado;

materias específicas de una carrera de grado/posgrado; cursos de verano; cursos diseñados especialmente para extranjeros; otros). Cantidad de alumnos. País de origen. Duración teórica de las carreras.

b) Modalidad de certificación de los estudios realizados (para las carreras de grado y posgrado).

c) Dificultades encontradas por los alumnos extranjeros (tipos: culturales, infraestructura, formación previa; administrativas, legales, económicas, otras).

d) Servicios adicionales prestados u ofrecidos por la universidad nacional (en concepto de alojamiento, seguros, alimentación, recreación, otros)

e) Arancelamiento para los alumnos extranjeros (programas: carrera de grado; posgrado; materias específicas de una carrera; cursos de verano; materias especialmente diseñadas para extranjeros, otros)

El problema que surgió en la mayoría de las universidades es que no existían datos claros ni precisos, o estaban incompletos. Al alumno extranjero de grado se lo trata igual que al alumno argentino. Así que en muchos casos intervenía el Área de Informática de las universidades para filtrar los datos con la posibilidad de identificar a los extranjeros.

Es así que se obtuvieron los datos de las siguientes universidades:

UNIVERSIDADES NACIONALES	CARRERAS DE GRADO	CARRERAS DE POSGRADO
Córdoba	X	X
Villa María	X	
Comahue	X	
San Juan Bosco	X	
Salta	X	
Jujuy	X	
San Juan		X
Tucumán		X

Cuadro 6

En cuanto a los datos que estas universidades nacionales han suministrado, en todos los casos no se cobra ningún tipo de arancel para los estudiantes extranjeros que realicen carreras completas de grado.

A continuación se describirá qué realiza cada universidad en cuanto a los alumnos internacionales, dependiendo de la situación en que se encuentren en el país.

Universidad Nacional de Córdoba

Existe una oficina central del Rectorado, que es la Prosecretaría de Relaciones Internacionales, área que suministró la información que a continuación se describe.

Los datos que se tienen, en cuanto a carreras de grado, se refieren fundamentalmente a que el 90% de ese tipo de estudiantes proviene de países del MERCOSUR, totalizando 300 que están en la Ciudad de Córdoba por toda la duración de la carrera.

En cuanto a carreras de posgrado, el abanico de países es mucho mayor, ya que provienen de México, Estados Unidos, Brasil, España, Canadá, entre otros, y realizan estudios por un cuatrimestre, totalizando 200 estudiantes extranjeros.

También se dictan materias especialmente diseñadas para extranjeros, siendo: Brasil, Países Bajos, Estados Unidos los países que mayor cantidad de alumnos aportan, con un total de 30 alumnos.

En la información que se brindó a este equipo de investigación no figuran las carreras de preferencia, por lo tanto no se puede evaluar las tendencias en cuanto a las elecciones de las mismas.

Con relación a las modalidades de certificación de los estudios realizados, ellas están dadas por el otorgamiento de título de grado, en las carreras correspondientes. Lo mismo ocurre en las carreras de posgrado.

En el caso de materias específicas de una carrera de grado o posgrado o en la situación de materias especialmente diseñadas para extranjeros, la certificación la otorga la Prosecretaría de Relaciones Internacionales.

Con respecto a las dificultades encontradas por los alumnos extranjeros, esta Prosecretaría respondió lo siguiente según los siguientes tipos:

a) Culturales: no existen inconvenientes porque Córdoba es una ciudad multicultural y con un alto porcentaje de población universitaria, lo que la convierte en un medio favorable.

b) Infraestructura: sí existen. Hay ciertas limitaciones en la infraestructura de la UNC (gabinetes informáticos, bibliotecas, laboratorios).

c) Formación previa: sí. El nivel de exigencia académica y la formación teórica de los estudiantes de la UNC suele ser superior al de otras universidades.

d) Administrativas: sí. Se está trabajando en la armonización de los sistemas de registro de estudiantes extranjeros de cada Facultad, pero los resultados estarán disponibles recién en el mediano plazo. Otra dificultad administrativa es la obtención del Permiso de Residencia Transitorio en la Dirección Nacional de Migraciones.

Con relación a los servicios adicionales prestados u ofrecidos por la Universidad, se describirá a continuación:

a) Alojamiento: sí. La Universidad cuenta con una base de datos de alojamientos (*hostels*, residencias universitarias, casas de familia, inmobiliarias, etc.).

b) Seguros: no. Los estudiantes traen seguros contratados desde su país de origen.

c) Alimentación: sí. La UNC cuenta con un comedor universitario de accesibles precios. Los estudiantes de ciertos programas de intercambio pueden utilizarlo gratuitamente.

d) Recreación: sí. Al igual que los estudiantes regulares de la UNC, los estudiantes extranjeros pueden practicar una variada gama de deportes en la Dirección de Deportes.

e) Otros: se organiza una jornada de bienvenida para los estudiantes extranjeros que realizan estudios parciales, al comienzo de cada semestre. Además se les brinda asesoramiento en cuestiones migratorias.

En cuanto a aranceles para Alumnos extranjeros, dependen del programa en que estén incluidos. Si es por carrera de grado completa, abonan la contribución estudiantil que paga cualquier estudiante regular argentino. Por carrera de posgrado abonan los costos de escolaridad de los posgrados. En caso de materias específicas de grado, sí abonan U$D 350 por cuatrimestre, los que son de países de América Latina; y U$D 500 por cuatrimestre si son de otros países.

También se puede agregar que existen facultades que tienen determinados programas de intercambio, pero se está trabajando en la UNC para centralizar la gestión de movilidades internacionales.

Universidad Nacional de Villa María

Esta Universidad será analizada en el próximo capítulo.

Universidad Nacional de Comahue

Los datos que se tienen, en cuanto a carreras de grado, refieren que el 62% del total de alumnos internacionales proviene de Chile; le siguen Bolivia con el 12%, en el orden de cantidades de inscriptos, totalizando 78 que realizan la carrera completa.

En cuanto a carreras de posgrado, el 100% de los extranjeros provienen de países pertenecientes a América Latina, totalizando 11 estudiantes internacionales.

En la información que se ha brindado a este equipo de investigación, no figuran las carreras de preferencia, por lo tanto no se puede evaluar las tendencias en cuanto a las elecciones de las mismas. Con relación a las modalidades de certificación de los estudios realizados no hay datos.

Con respecto a las dificultades encontradas por los alumnos extranjeros, esta Universidad respondió lo siguiente según los siguientes tipos:

a) Culturales: no.
b) Infraestructura: no
c) Formación Previa: no hay información.
d) Administrativas: sí. Falta de Documento de Identidad o pasaporte, convalidación de título secundario para tramitar su inscripción a la Universidad y obtener un número de legajo.

Con relación a los servicios adicionales prestados u ofrecidos por la Universidad, se describirá a continuación:

a) Alojamiento: sí. Por becas, como alumnos argentinos.
b) Seguros: sí. Como los alumnos argentinos.
c) Alimentación: sí. Acceso al Comedor Universitario.
d) Recreación: sí. Actividades deportivas como alumnos argentinos.

e) Otros: los alumnos extranjeros tienen acceso a las becas que otorga la UNCo (con presupuesto propio) como alumnos argentinos.

Si es por carrera de grado completa, es totalmente gratuita como para los estudiantes argentinos. Por carrera de posgrado tienen el mismo arancel que para los estudiantes argentinos.

No existe una oficina central del Rectorado. Tampoco hay una normativa interna al respecto; por lo tanto, utilizan la normativa especifica de alumnos extranjeros, es decir la Resolución Ministerial N º 1523/90.

Universidad Nacional San Juan Bosco

Esta Universidad fue una de las primeras en mandar los datos. Ellos trabajan con el sistema SIU Guaraní (que es el sistema informático que se utiliza para alumnos que tiene la mayoría de las universidades), donde se pudo filtrar las carreras de grado y el sexo de los alumnos internacionales.

El 64% de un total de 183 extranjeros es de sexo femenino.

Los datos que se tienen en cuanto a carreras de grado señalan que el 73% del total de alumnos internacionales proviene de Chile, luego le sigue Bolivia con el 12%, y en tercer lugar, con el 9%, Uruguay, en el orden de cantidades de inscriptos internacionales para cursar carreras de grado en forma completa. En cuanto a carreras de posgrado, no hay datos.

Entre la información que se ha brindado a este equipo de investigación figuran las carreras de preferencia; por lo tanto, se pueden evaluar las tendencias en cuanto a las elecciones de las mismas.

La carrera de Contador Público es la más elegida por los estudiantes, ya que conforma el 21,3% del total. Pero a su vez, de ese porcentaje, el 60% son alumnos chilenos; el 22% bolivianos y en tercer lugar, con el 12%, alumnos uruguayos.

Notablemente le sigue en la tendencia la carrera de Abogacía, con el 13% del total.

Se podría presuponer que los alumnos extranjeros eligen esta carrera por dos cuestiones:

1. Piensan quedarse a vivir en el país.
2. Quieren conocer las legislaciones sobre Comercio Exterior, para volver al país de origen y estar capacitados en el tema.

Con relación a las modalidades de certificación de los estudios realizados no hay datos. Tampoco hay datos con respecto a las dificultades encontradas por los alumnos extranjeros.

Por carrera de grado completa es totalmente gratuita como para los estudiantes argentinos. Por carrera de posgrado tienen el mismo arancel que para los estudiantes argentinos.

Universidad Nacional de Salta

La Universidad mandó los datos que pudo extraer del sistema de alumnos que tiene, a través del Área de Informática. No hay datos claros, pero se puede observar que la mayoría de los alumnos extranjeros pertenecen a Bolivia y Chile, seguramente por la cercanía geográfica que tienen.

Los datos obtenidos, en cuanto a carreras de Grado, demuestran que el 94% del total de alumnos extranjeros, proviene de Bolivia, le sigue Chile con el 12%, en el orden de cantidades de inscriptos internacionales para cursar carreras de grado en forma completa. En cuanto a carreras de posgrado, no hay datos.

En la información que se ha brindado a este equipo de investigación figuran las carreras de preferencia; por lo tanto, se pueden evaluar las tendencias en cuanto a las elecciones de las mismas.

La carrera de Contador Público es la más elegida por los estudiantes, y está conformada en su mayoría por estudiantes bolivianos.

Le siguen las carreras de Enfermería e Ingeniería Agronómica. La mayoría de los estudiantes extranjeros son bolivianos.

Con relación a las modalidades de certificación de los estudios realizados, no hay datos. Con respecto a las dificultades encontradas por los alumnos extranjeros, tampoco.

Por carrera de grado completa es totalmente gratuita como para los estudiantes argentinos. Por carrera de posgrado tienen el mismo arancel que para los estudiantes argentinos.

Universidad Nacional de Jujuy

La Universidad mandó los datos que pudo extraer del sistema de alumnos que tiene, a través del Área de Informática.

No hay datos claros, pero se puede observar que la mayoría de los alumnos extranjeros pertenece a Bolivia y Ecuador.

Los datos, en cuanto a carreras de grado, indican que el 81% del total de alumnos extranjeros proviene de Bolivia. En cuanto a carreras de posgrado, no hay datos.

En la información que ha brindado la Universidad a este equipo de investigación figuran las carreras de preferencia; por lo que se pueden evaluar las tendencias en cuanto a las elecciones de las mismas.

Contador Público es la más elegida por los estudiantes, y está conformada en su mayoría por estudiantes bolivianos. Los alumnos ecuatorianos, por su parte, tienden más a carreras vinculadas con la Informática.

Con relación a las modalidades de certificación de los estudios realizados, no hay datos. Con respecto a las dificultades encontradas por los alumnos extranjeros, tampoco los hay.

Por carrera de grado completa es totalmente gratuita como para los estudiantes argentinos, mientras que por carrera de posgrado tienen el mismo arancel que para los estudiantes argentinos.

Universidad Nacional de San Juan

La Universidad mandó los datos a través de una matriz compuesta por países y facultades. En esta matriz están tanto los alumnos de carreras de grado como los de posgrado.

No hay datos claros, pero se puede observar que la mayoría de los alumnos extranjeros pertenecen a Chile; luego le siguen Colombia, Perú, Ecuador y Bolivia.

Las facultades, en la Universidad Nacional de San Juan, están dividas de la siguiente forma:

- Facultad de Ciencias Exactas, Físicas y Naturales.
- Facultad de Ingeniería.

- Facultad de Ciencias Sociales.
- Facultad de Filosofía, Humanidades y Artes.
- Facultad de Arquitectura, Urbanismo y Diseño.

Las carreras más elegidas por los estudiantes extranjeros pertenecen a la Facultad de Ingeniería. Está como primer país Colombia y le siguen en orden de cantidad de alumnos internacionales Ecuador, Perú y España (en el mismo nivel), y finalmente Chile.

Continúa luego la Facultad de Ciencias Sociales, en la que predominan los estudiantes de Chile y Colombia.

La Facultad de Filosofía, Humanidades y Artes tiene la mayor cantidad de alumnos provenientes de Colombia; le siguen luego Chile y Bolivia en igual magnitud.

En la Facultad de Arquitectura, Urbanismo y Diseño, los alumnos chilenos son la mayoría en el porcentaje, después están los alumnos peruanos y luego los colombianos.

Con relación a las modalidades de certificación de los estudios realizados, no hay datos. Con respecto a las dificultades encontradas por los alumnos extranjeros, tampoco.

Por carrera de grado completa es totalmente gratuita como para los estudiantes argentinos. Por carrera de posgrado tienen el mismo arancel que para los estudiantes argentinos.

Los alumnos colombianos están en casi todas las Facultades de la Universidad Nacional de San Juan.

Universidad Nacional de Tucumán (UNT)

La Universidad mandó los datos con relación a las carreras de posgrado. No hay datos de carreras de grado.

Los orígenes de los alumnos internacionales que realizan el posgrado son: Bolivia, Perú, Ecuador, Colombia, por un total de 40 alumnos. Estos estudiantes están haciendo doctorados cuya duración teórica es de 4 años y maestrías cuya duración es de 2 años.

Según la Secretaría Académica de la Universidad, los alumnos extranjeros tienen como carreras prioritarias las que pertenecen a las Ciencias

Biológicas, de Economía y de Luz y Visión. No se implementan cursos de verano para este tipo de estudiantes.

La condición para cursar el posgrado es que tengan las certificaciones de títulos de grado como establece la reglamentación de la UNT.

Por carrera de grado completa es totalmente gratuita como para los estudiantes argentinos. Por carrera de posgrado tienen el mismo arancel que para los estudiantes argentinos.

Algunas consideraciones

De acuerdo a la información que suministraron las distintas universidades consultadas, se puede apreciar que en el caso de carreras de grado que son cursadas de manera completa, ninguna universidad cobra tipo de arancel alguno para los estudiantes extranjeros. Además, colaboran con ellos en cuestiones administrativas: en caso de falta de documento de identidad o pasaporte, convalidación de título secundario para tramitar su inscripción a la Universidad y obtener un número de legajo.

La mayoría de las casas de altos estudios están preparadas para asesorar a los alumnos extranjeros en cuestiones migratorias, siendo estas condiciones muy flexibles si se compara con otros países.

Pero no sólo eso, sino que también les otorgan becas de ayuda económica, dan acceso al comedor universitario, salud, recreación, seguros y alojamiento.

En el caso de los posgrados, ninguna universidad cobra aranceles diferentes a los que se les cobra a los alumnos argentinos.

También están las situaciones de intercambio estudiantil o de cooperación internacional de universidades. En este caso la UNC es pionera en materia de legislación ya que el HCS elaboró una ordenanza donde se les cobra un arancel a los alumnos extranjeros, dependiendo del país de origen de los mismos.

Es relevante la cantidad de alumnos latinoamericanos que estudian en las universidades nacionales, fundamentalmente las que están cerca de países limítrofes. Es así que está estudiando en estas instituciones una importante cantidad de chilenos, bolivianos, brasileños, peruanos, ecuatorianos y colombianos. La inmigración de estudiantes bolivianos es entendible, ya que su país es uno de los que tienen mayores problemáticas sociales en América Latina.

En cuanto a los alumnos extranjeros arriba mencionados, se observa un crecimiento importante de los alumnos colombianos fundamentalmente.

Se destaca que las universidades privadas llevan más estadísticas que las públicas. Por ejemplo, la Universidad de Palermo (UP) encabeza el escalafón en mayor número de colombianos, con 800 estudiantes, distribuidos en diseño, publicidad, comunicación, psicología, periodismo y negocios, y en el master de dirección de empresas (MBA).

Otras, como la Católica, El Salvador, La Plata, UADE, Belgrano y San Andrés, también tienen una cantidad importante de alumnos colombianos, para cursar carreras referidas a cine, fotografía, música, teatro, danza plástica o gastronomía.

La Universidad de Buenos Aires (UBA), la más grande de Argentina, tiene alrededor de 240 estudiantes colombianos en el ciclo de pregrado, principalmente en las facultades de Arquitectura y Económicas; y 395 colombianos en posgrados, en los programas de Arquitectura, Psicología y Económicas en mayor medida, de acuerdo a los datos suministrados por la Subsecretaría de Relaciones Institucionales y Comunicación.

El consulado en Buenos Aires dispone de un registro que es parcial, puesto que es voluntario y muestra la siguiente tendencia: en el año 2005 figuraban inscriptos 300 estudiantes universitarios colombianos; en el 2006 la cifra era de 567; a fines del 2007 eran 846 y en el primer semestre del 2008, más de 1.300.

Para el cónsul Álvaro Calderón se trata de una aceleración de un movimiento sur-sur y no de un flujo migratorio colombiano.

Las políticas migratorias de Argentina regularizaron la situación de los colombianos, transformándolos en residentes entre 2006 y 2008 ante la

Dirección General de Migraciones; de esta forma el Consulado estima que existen más de 23.000 colombianos en Argentina[17].

Con el análisis de los estudiantes extranjeros de la Universidad Nacional de Villa María que provienen de estos mismos países quizá se pueda entender más la inmigración de alumnos provenientes de aquellos países.

17 Dirección URL: http://www.cambio.com.co/panoramacambio/807

Capítulo VIII

Alumnos extranjeros en la Universidad Nacional de Villa María

Mgter. Lucía G. Riveros

La Universidad Nacional de Villa María (UNVM), a través de su Página Web, comenzó a ser un polo de atracción para los estudios universitarios de alumnos extranjeros. Las condiciones que la Universidad ofrece son muy atractivas para este tipo de estudiantes. Villa María es una ciudad pequeña, que tiene un importante movimiento educativo y cultural. Existen dos universidades nacionales, la UNVM y la Universidad Tecnológica Nacional (UTN) Facultad Regional Villa María.

Por su oferta académica se vieron atraídos estudiantes de Brasil, Chile, Ecuador, Perú y Colombia. A ellos se les hizo una encuesta y se desarrollaron diferentes entrevistas, conjuntamente con autoridades superiores de la UNVM, dejando claro qué es lo que los movió hacer una distancia tan grande para venir a estudiar a la Argentina, más precisamente a Villa María, y realizar sus estudios completos en esta ciudad.

Es así que hay una alumna proveniente de Colombia, que estudia la Licenciatura en Ciencias Políticas, que menciona que esta carrera tiene grandes inconvenientes si se decide estudiar en su país, y esos problemas son de inseguridad y políticos, lo cual da como resultado una situación muy difícil a la hora de estudiar una carrera universitaria de ese tipo, sin contar que las carreras de grado allá son aranceladas. Es por ello que decidió venir a la UNVM. La Universidad le brinda servicios de salud y recreación desde la Secretaría de Bienestar.

Hay dos alumnas provenientes de Chile que están estudiando Licenciatura Terapia Ocupacional. Cuando se les hizo la pregunta del porqué de su elección, manifestaron que en Chile las carreras de grado son muy caras. Si se cursan en universidades públicas, el costo aproximado es de $ 1.200 mensuales, y si se cursan en universidades privadas, el costo se duplica, siendo el mínimo de $ 2.500 mensuales. Declararon que la carrera más cara es Abogacía. Para ver a sus familiares demoran un día y medio de viaje en colectivo. Proceden de Valdivia, una ciudad que está a la altura de Bariloche. Además, hicieron hincapié en que recibieron ayuda de todo tipo por parte de la UNVM. No saben si cuando terminen de estudiar volverán a su país, pero piensan que sí.

También están los alumnos que provienen de Ecuador, son tres, dos de los cuales son hermanos. Uno estudia Licenciatura en Administración, otro Licenciatura en Diseño y Producción Audiovisual y el tercero Licenciatura en Composición Musical, este último recibe una beca de ayuda económica de la UNVM.

Los hermanos encontraron principalmente dificultades de tipo cultural, sobre todo en cuestiones de frases y palabras que no son afines con el castellano que ellos manejan. Eligieron venir a Argentina por su renombre educativo en otros países.

Estos alumnos, en la entrevista, comentaron que deben cumplir requisitos como son la visa para estudiantes; buena imagen policial y tener todos los papeles en regla (cédula, pasaporte y DNI).

Han manifestado que la UNVM los ayudó en todo lo que se pudo, ya sea en encontrarles alojamiento, tener alimentación, servicios de salud y recreación. Comentaron que tienen cinco días de viaje en colectivo a Ecuador; sin embargo, sus padres hicieron estudiar a sus dos hijos en Argentina. Actualmente el Secretario de Bienestar informó al equipo de investigación que los padres de los alumnos también se vinieron a vivir a Villa María, pues se avecinan problemas políticos en su país.

Explicaron también que tanto las universidades públicas como las privadas de Ecuador son aranceladas, salvo la Universidad Militar, que actualmente es gratis por decisión del Estado. Una universidad nacional pública puede tener un costo de unos U$D 500 anuales. En el caso de universidades privadas los costos se mueven en un rango de U$D 1.000 a U$D 2.000 semestrales, aproximadamente de U$D 5.000 anuales dependiendo de la universidad.

Continuaron diciendo que los estudios realizados en Argentina son revalidados en su país. Aún no tienen claro si se quedarán o volverán a su país. Ellos comentaron además que tienen amigos ecuatorianos en Buenos

Aires y que las áreas de mayor interés para estudiar son las audiovisuales (cine, televisión, publicidad). También hicieron la aclaración de que en Ecuador cobran aranceles a cualquier estudiante extranjero.

Hay otro alumno que proviene de Brasil, quien estudiaba en el Conservatorio de Música de su país. Tenía posibilidades de estudiar en la Universidad de Río de Janeiro y /o Caipinhas, pero decidió venir a la Argentina a estudiar Licenciatura en Composición Musical.

Contó que el sistema universitario argentino es muy condescendiente, ya que permite por infinito tiempo estudiar una carrera. En Brasil, en cambio, se accede a que se realice la carrera con una máxima duración del doble del cursado de la misma. Además, comento que la UNVM lo ayudó también brindándole un sistema de salud.

También hay alumnos por cooperación internacional, a los cuales no se les cobra. Próximamente vendrán estudiantes mexicanos, fruto del Convenio JIMA, que fue explicado en el capítulo II.

En la Universidad Nacional de Villa María las carreras a las que los alumnos internacionales dieron mayor importancia están vinculadas con el arte, como son las de Diseño y Producción Audiovisual y Música; además, Terapia Ocupacional. La mayoría de los alumnos proviene de países latinoamericanos en los que estas carreras son dictadas por universidades privadas muy costosas.

En el próximo capítulo se hablará específicamente sobre la elección de la carrera Ingeniería en Tecnología de alimentos, que en Argentina es importante por su perfil agropecuario y alimenticio.

Capítulo IX

¿Los alumnos extranjeros eligen la carrera de Ingeniería en Tecnología de Alimentos en las universidades?

Colaboradoras: María Guadalupe Jornet – Estefanía Jornet[18*]

La Ingeniería en Tecnología de Alimentos es una carrera integral porque su currícula tiene una variedad de ciencias como: microbiología, química, física, ingeniería, nutrición, calidad, matemáticas, entre otras. La UNVM se destaca en este tipo de carrera ya que son las universidades privadas las que, por lo general, la tienen.

La idea es explorar si los estudiantes extranjeros tienen un interés especial por estas disciplinas, teniendo en cuenta que el perfil del país es agroexportador.

La importancia de esta carrera para los conocimientos científicos en alimentos

La Ingeniería en Tecnología de Alimentos, es una carrera integral porque su currícula tiene una variedad de ciencias como: microbiología, química, física, ingeniería, nutrición, calidad, matemáticas.

Esto hace, que el futuro profesional tenga una perspectiva general para desempeñarse adecuadamente si debe delinear o diseñar un proceso industrial para la elaboración de alimentos.

También hay que tener en cuenta que esto tiene su riesgo, porque el futuro profesional deberá estar muy alerta a cuestiones de higiene, seguridad alimentaria, parámetros de control en los procesos de producción, comercialización de alimentos, transgénicos y orgánicos, y sus respectivas normas de calidad. La carrera también permite conocer

18 * Técnicas Superior en Alimentos de la Escuela Superior de Lechería ESIL, Villa María, provincia de Córdoba. Tesistas de Ingeniería en Tecnología de Alimentos, UNVM.

sobre la conversión de los efluentes industriales, sobre la recuperación de desechos y la purificación del agua, tan necesaria para la vida.

Carreras que eligen los alumnos extranjeros: Gastronomía

En base a los datos, estadísticas y encuestas que se hicieron en distintas universidades nacionales para el proyecto de investigación, se pudo observar que la mayoría de los alumnos extranjeros elige carreras como: Medicina, Contador Público, Veterinaria, Abogacía, Licenciatura en Administración, Música, Diseño y Producción Audiovisual, Ciencias Políticas, entre otras, en términos generales. La cuestión del idioma también es una problemática importante y mucho de ellos vienen a perfeccionar la lengua castellana.

Al margen de esta situación, la tendencia de los alumnos extranjeros es elegir la Gastronomía en Argentina, atraídos por los bajos costos y la calidad de la enseñanza, pues optan por carreras cortas con rápida salida laboral. En varias ocasiones los medios bautizan este fenómeno como: *"Argentina: fábrica de Chefs en América."*

Es así que muchos extranjeros eligen Argentina para formar sus futuros gastronómicos, debido a que es un país que tiene la educación gastronómica más antigua, ofrece realizar la carrera en corto tiempo con excelente calidad de enseñanza, posee una gran ventaja económica y sus docentes están muy bien capacitados. Además, existe una combinación de técnicas de cocina con conocimientos de nutrición, calidad de materias primas, idiomas y gestión del negocio.

Los alumnos de países como Colombia, Perú, Ecuador, México, Chile, Brasil, Panamá, Costa Rica, entre otros, llegan cada año, buscando formarse para luego regresar a su país, abrir sus propios negocios, continuar sus capacitaciones en Europa o Estados Unidos, o bien quedarse y especializarse en las comidas típicas de Argentina. De Colombia llega la mayor cantidad de alumnos extranjeros.

Téngase en cuenta que son instituciones privadas quienes dictan las carreras de gastronomía, caracterizándose muchas escuelas de Buenos Aires, entre ellas, el *"Gato Dumas"*.

> Es así que Argentina es un país que fabrica profesionales y abre muchas puertas a futuros extranjeros que no tienen la posibilidad de forjarse su futuro en su país de origen[19].

Ingeniería en Tecnología de Alimentos: ¿un desafío?

Evidentemente, en las encuestas y entrevistas que se hicieron a los extranjeros, ninguno demostró interés en este tipo de carrera.

En el marco de la investigación fue un gran interrogante, puesto que, como se mencionó anteriormente, Argentina se caracteriza por ser un país agrícola ganadero, donde la calidad de su producción es excelente, tanto para el mercado interno como para el externo, haciendo hincapié en el comercio mundial de alimentos de productos de alta competencia y calidad.

La evolución de la tecnología en la industria alimenticia permite cambios importantes en la producción de alimentos estandarizados a gran escala, disminuyendo los tiempos de elaboración para satisfacer las demandas de una población que está en continuo crecimiento.

Es de destacarse la cuestión frutihortícola, pues la gran variedad de suelos permite obtener diversidad de frutas, vegetales y granos de alta calidad y en abundancia, de las cuales también viven y participan distintas industrias en la cadena alimentaria, como industrias de aceites varios, vinos, mermeladas, conservas, *delicatessen* (como por ejemplo pasta de maní, sésamo, aceitunas, variedad de frutas secas, etc.).

El adecuado manejo de los recursos naturales es indispensable para la producción equilibrada. Conocer los métodos para aumentar el rendimiento, la vida útil, la estabilidad y seguridad de los productos, es relevante para la satisfacción de las necesidades de alimentación y salud de los habitantes del país y del mundo.

Algunas consideraciones

Se puede suponer que la carrera no es tan elegida, de acuerdo a la información del proyecto, porque todavía los estudiantes extranjeros no han medido la importancia que tiene hoy el agua, los alimentos, la salud

19 SAN MARTÍN, Raquel, *La Naciòn*, Buenos Aires, agosto de 2006.

que se deriva del buen estado microbiológico, físico y químico de los mismos y la buena nutrición a nivel mundial.

Esto implica que en muy poco tiempo se deberán hacer tratamientos especiales (en algunos países de Europa, Medio Oriente y Lejano Oriente ya lo deben hacer) para el agua, para los efluentes, para que no exista intoxicación microbiológica, con compuestos tóxicos en envases, y otras cuestiones sumamente relevantes para poder seguir adelante con la vida en el planeta.

Está claro que es una carrera del futuro, porque el hombre no podrá subsistir sin las normas mínimas de higiene, manipuleo, cantidad y calidad en los alimentos, conservación, alcance de los mismos a los consumidores y el buen uso que hagan ellos con el producto desde que está en sus manos. Los recursos, a medida que pasa el tiempo, son cada vez más escasos en función de que cada año la población mundial se multiplica y los alimentos son requeridos de manera proporcional. Un gran desafío es que las generaciones futuras puedan cubrir sus necesidades básicas de alimentos, agua potable y el goce de buena salud. Eso es posible si el cambio comienza en el presente. Esto es un gran reto para todos aquellos futuros Ingenieros en Tecnología de Alimentos y el mundo lo debería saber.

Capítulo X

Estudiantes extranjeros: ¿fuente de ingresos para la República Argentina?

Mgter. Lucía G. Riveros / Mgter. Gustavo Luque.

El Cónsul argentino en Shangai informó al diario *La Nación* que Australia recibe a más de 250.000 estudiantes asiáticos que desean aprender inglés. Esto le genera ingresos mensuales por U$S 300.000.000, lo cual muestra que las posibilidades del mercado cultural son muy interesantes como fuente de ingresos.

Nueva Zelanda recibe aproximadamente unos 1.700 millones de dólares neozelandeses al año, por la recepción de estudiantes extranjeros, cifra del año 2002, y se estima que ese monto en la actualidad se ha incrementado un 20%, aproximadamente. Dicho país cuenta con toda una infraestructura y una gestión internacional ya reconocidas internacionalmente; dentro de los cursos mas ofrecidos a estudiantes de otros países se encuentran en las áreas de negocios, áreas de la salud, biológicas y ciencias sociales, aparte de sus prestigiosos cursos de lengua inglesa.

En el proceso de integración, las diversas universidades de los países que integran el MERCOSUR se vienen ocupando de la acreditación de algunas carreras de grado y en la continuidad de estudios de posgrado. Asimismo, se vienen desarrollando reuniones periódicas en la consolidación de un programa marco de movilidad permanente de estudiantes y profesores, todas estas, formas de cooperación interinstitucional; y, por otra parte, están señalando cambios que las universidades como tema estratégico en su desarrollo futuro, la recepción de estudiantes extranjeros.

Es decir que, cuando una universidad decide internacionalizarse, no sólo obtiene beneficios académicos y de conformación de equipos de investigación, sino que también gana en lo económico, posibilitando un crecimiento de sus recursos y un mayor autofinanciamiento en los posgrados.

Conforme un artículo publicado por el *Icarito* de Chile, los norteamericanos pagan aproximadamente unos U$S 12.500 semestrales para ir de intercambio al país trasandino. De ese monto, unos U$S 3.000 quedan en las universidades chilenas, por diferentes conceptos.

Según Ignacio Rebaudi, director de Asuntos Culturales de la Cancillería en el año 2006, en las universidades nacionales, por ejemplo, para ese año académico, fueron otorgadas un 32,73% más de vacantes que el año último, manteniendo la tendencia alcista manifestada en el año 2005, que ya había tenido un incremento respecto del año 2004 del 33,5%. En este año según indica Cancillería, se recibieron 100 notas de pedidos de visa para estudiantes extranjeros, a través de los consulados argentinos en el exterior. Cada nota hace referencia a varios pedidos de visa; en el año 2005 fueron 400 y sólo en enero de 2006 ya llegaron a 300, por lo que calculan que la cifra alcanzó en ese año aproximadamente a los 600 pedidos.

Los estudiantes extranjeros son atraídos por la oferta académica de Argentina y pueden enterarse de ella, no sólo los de habla hispana. Es así que el objetivo de las instituciones de educación superior es ofrecer sus carreras de grado y posgrado, en su mayoría, amplia información bilingüe en sus Páginas Web y tener presencia en las ferias internacionales relacionadas con la educación. Los países más interesados son los que pertenecen al MERCOSUR y sus Estados asociados, Unión Europea, Estados Unidos, China, Corea del Sur y Japón.

Por otra parte, es importante destacar el interés de los extranjeros (ya sean de Europa o de Estados Unidos) por estudiar el idioma español, siendo Argentina un país que ejerce gran atracción para ese tipo de estudio, porque existen condiciones económicas mejores que en España.

Otro nivel de análisis vinculado con esta temática y que abre nuevos debates, es el de los convenios de doble titulación, fenómeno que se viene desarrollando con energía y amplias proyecciones futuras. De esta manera, estos tipos de convenios están marcando una fuerte tendencia en el sistema universitario y generan, a su vez, un fuerte dinamismo en la movilidad y recepción de estudiantes extranjeros, constituyéndose en un nuevo desafío para las universidades, quizás insospechado años atrás.

Es así que en base a esta tendencia, el ex ministro de Educación Daniel Filmus, lanzó la Agencia de Promoción de la Universidad Argentina, para incluir la oferta de servicios educativos del país dentro de la oferta de servicios en el exterior.

De esta forma comienza el Programa de Promoción de la Universidad Argentina (descripto en el Capítulo II) creado en el año 2006 para atraer estudiantes extranjeros, aunque son pocos los análisis exploratorios realizados sobre las actividades llevadas a cabo en las distintas universidades del país, así como sobre sus resultados.

En aquel momento, el director nacional de Gestión Universitaria de la Secretaría de Políticas Universitarias, Oscar Reali, afirmó que

> todos los indicadores dan como resultado que el crecimiento de alumnos extranjeros en carreras de grado es muy alto. Además hay una saturación de posgrado en universidades públicas y privadas.

Las carreras de grado que más atraen a los extranjeros son: Medicina, Ingeniería y Administración de Negocios. Para ellos también es gratuito cursarlas en la universidad pública, según la Resolución 1523/90 del Ministerio de Educación, que tiene el fin de estimular la cooperación educativa internacional.

A continuación se hará una exploración con relación a si los estudiantes internacionales constituyen una fuente de ingresos para la República Argentina.

Esta descripción y análisis se basa especialmente en aquellos estudiantes que realizan también el turismo idiomático; aquellos que estudian un semestre de cursado de su carrera en el extranjero, en la Argentina y también aquellos que vienen de intercambio por cooperación internacional entre las universidades.

El fenómeno de que los estudiantes extranjeros cada vez se interesen más por las universidades argentinas no sólo se ve en las grandes ciudades sino también en cualquier punto del país. Fundamentalmente en aquellas universidades que están muy cercanas a países limítrofes.

La Rioja es una de ellas. La carrera de Medicina es la más atrayente. Según *El Independiente*[20]

> A nivel nacional, algunos creen estar ante una nueva industria sin chimeneas y como parte de un negocio millonario en vías de desarrollo (...) Estudiantes extranjeros es sinónimo de alojamiento, rubro que se muestra demandado ante la insuficiencia habitual de la oferta. Recientes informes periodísticos indican que en la capital riojana crece el alojamiento estudiantil a razón de 200 plazas anuales (...)

Algunos funcionarios del Ministerio de Educación de la Nación opinan que la inversión que se hace en los alumnos extranjeros es compensada con el ingreso de divisas que genera la permanencia de estudiantes internacionales en el país. Existen algunos indicios que indican que profesionales del exterior que cursan maestrías no descartan radicarse en el país, especialmente si concurren a universidades privadas vinculadas a niveles empresarios multinacionales.

Es evidente que toda la movilidad estudiantil extranjera, ya sea por intercambio, por el aprendizaje del español, por realización de posgrados, entre otros, genera una entrada de divisas al país del que aún no se tienen cifras aproximadas.

El turismo idiomático sería el más completo, porque aquellos alumnos internacionales que estudian el español, no sólo se interesan por el idioma sino también por las costumbres, por la gastronomía, por las bellezas naturales de Argentina, como por ejemplo el glaciar Perito Moreno, las Cataratas del Iguazú, Buenos Aires con el tango y como ciudad cosmopolita con toda su belleza. Les interesan los caminos del vino en Mendoza y un sinnúmero de atracciones.

Esto mueve una serie de rubros, a saber: gastronomía, construcción, hotelería, agencias de turismo, empresas de colectivos interurbanos, empresas aéreas y más. Además, aparece un nuevo tipo de turismo: el llamado *turismo temático* (el camino del vino; el camino de los quesos y chacinados; el camino de la fruta, entre otras), que genera un ingreso importante a las distintas localidades y provincias argentinas.

Por último y al margen de los beneficios económicos para un país, se

20 "Argentina. Universidades argentinas: la otra industria sin chimeneas", El Independiente, marzo de 2006, http://firgoa.usc.es/drupal/node/26575

pueden expresar, en breves líneas, algunas reflexiones sobre los beneficios que este fenómeno puede retribuir a los actores que están en análisis, es decir, los alumnos internacionales que vienen de intercambio o que cursan un semestre en las universidades del país, además de aquellos que cursan las carreras en forma completa.

El vivir en el extranjero obliga a cualquier persona a comprender diferentes hábitos y a integrarse a la vida universitaria y cultural del país receptor, generando, necesariamente, una mayor capacidad de comunicarse; circunstancia que será capitalizada en el futuro, tanto en su vida personal como profesional.

Todo lo expresado, al margen del deber inquebrantable y el compromiso de cuidar la calidad académica por parte de las universidades, muestra un escenario en constante transformación. Los beneficios económicos y la competitividad que genera, muchas veces, la captación de estudiantes extranjeros, especialmente en posgrados, no debe dejar de lado el equilibrio y la responsabilidad que debe existir entre la autonomía universitaria y el papel activo que debe cumplir el Estado en todo este tipo de cuestiones que hacen a la movilidad estudiantil internacional.

Capítulo XI

Conclusiones

Podría afirmarse que las universidades nacionales argentinas son exportadoras de conocimiento, ya que como se describió en los capítulos anteriores, los estudiantes extranjeros son atraídos por el bajo costo de vida, la calidad académica y la gratuidad en las universidades nacionales para realizar carreras de grado en forma completa.

Si bien existe un Programa de Promoción de la Universidad Argentina, se estima que la idea es poder captar los intereses de esos alumnos para generar el ingreso de divisas al país, como sucede en Nueva Zelanda, entre otros países.

Esta situación se convierte en una muy buena oportunidad para Argentina, porque surge el turismo idiomático que anteriormente era captado por España, donde los costos se manejan en euros. Los estudiantes extranjeros, tanto de los países de Europa como de los Estados Unidos, prefieren venir al país, donde todos sus gastos disminuyen entre cuatro o cinco veces, teniendo una buena calidad académica.

Son importantes también temas de suma trascendencia en la recepción de este tipo de estudiantes extranjeros, como la necesidad de currículas flexibles y la compatibilidad de sistemas, el reconocimiento de las actividades académicas y de los créditos, la promoción , la difusión externa de las actividades y el resguardo de la calidad académica, recursos económicos, etc. Temas que se deberán profundizar para alcanzar los objetivos propuestos en este proceso de cooperación e internacionalización de la educación superior y que, a juzgar por las estadísticas y proyecciones, estamos ante un fenómeno en constante crecimiento y consolidación.

Otro aspecto a tener en cuenta, y que en la actualidad constituye un verdadero desafío, es el seguimiento del Plan de Acción del Sector Educativo MERCOSUR, cuya movilidad ha de constituir una enorme experiencia educativa y formativa, e impulsará, sin duda alguna, la integración regional.

Es común ver en las universidades nacionales gran cantidad de alumnos latinoamericanos. Las casas de estudio vienen trabajando en la acreditación de algunas carreras de grado y en la continuidad de estudios de posgrado en las diversas instituciones educativas de los países que integran el MERCOSUR. Asimismo, se vienen desarrollando reuniones en la consolidación de un programa marco de movilidad permanente de estudiantes y profesores, todas estas formas de cooperación interinstitucional están señalando cambios que las universidades deben trabajar como tema estratégico en su desarrollo futuro

Es necesario hacer un apartado especial de los estudiantes internacionales que vienen a cursar la totalidad de las carreras de grado.

Con los datos suministrados por las universidades de la muestra se observó gran cantidad de estudiantes chilenos en las universidades del Comahue, San Juan Bosco y San Juan. Esto se puede explicar porque las carreras universitarias en Chile son aranceladas, siendo la carrera más cara la de Abogacía. No se entendía cuando se veía en los listados de la Universidad Nacional de San Juan Bosco, por qué la inclinación de los estudiantes chilenos hacia Abogacía. Se supuso, tal como se indicó en el capítulo VII, que la elección de la carrera de Abogacía era por dos razones:

1. Piensan quedarse a vivir en el país.
2. Quieren conocer las legislaciones sobre Comercio Exterior, para volver al país de origen y estar capacitado en el tema.

Según las entrevistas realizadas con las alumnas chilenas de la UNVM, se puede poner una tercera alternativa:

3. El costo de la carrera de Abogacía es el más alto de cualquier carrera de Chile.

Por otra parte, también en los listados de las universidades nacionales, tanto de Salta como de Jujuy, la mayor cantidad de alumnos extranjeros proviene de Bolivia. Se podría afirmar que los alumnos de este país se encuentran con grandes problemáticas sociales y eso por ello que llegan al país.

Tanto los alumnos chilenos como los bolivianos, tienen como predilección la carrera de Contador Público.

Los dos hermanos ecuatorianos que son alumnos de la UNVM explicaron que los estudios universitarios en su país son arancelados y relataron que sus padres decidieron mandarlos a la Argentina, con cinco días de viaje de ida y otros cinco de vuelta en colectivo para volver a ver su familia.

Esto ayuda a comprender también la cantidad de ecuatorianos que hay en las universidades nacionales que suministraron información.

Pero lo que siempre resulto llamativo para el equipo de investigación fue la gran cantidad de alumnos colombianos aspirantes que vinieron a la Argentina a estudiar. Evidentemente quedó claro con la entrevista realizada a la alumna colombiana de la UNVM, que hizo hincapié en los grandes problemas de seguridad y políticos que existen en ese país, además del arancelamiento de las carreras universitarias.

No se tiene conocimiento si existen controles de los estudios que realizan los estudiantes extranjeros y si terminan sus carreras de grado en Argentina. No se lleva tampoco un seguimiento de aquellos egresados extranjeros que se quedan en el país o vuelven al suyo.

En todos los casos observados de las universidades nacionales se repite la ayuda que se les brindan a este tipo de estudiantes, y además, la gratuidad en sus estudios universitarios pertenecientes a las carreras de grado.

Evidentemente es cierto que se generan divisas con los estudiantes extranjeros, ya que deben vivir, alojarse, alimentarse, transportarse y realizar todos los gastos en fotocopias, libros, como también todo lo necesario para poder estudiar en la Argentina.

¿Pero qué pasa con aquellos que cursan toda una carrera de grado en el país? En otros países (incluidos los del primer mundo) los padres deben ahorrar, desde que nacen sus hijos, cada centavo, para darles una educación universitaria; o bien los estudiantes deben obtener becas deportivas o de otro tipo para poder estudiar, ya que las carreras universitarias son muy costosas. No está al alcance de cualquier ciudadano y en muchos casos (si no es en la mayoría) ni siquiera pueden soñar con tener un hijo universitario.

Actualmente, los alumnos internacionales vienen a Argentina, cursan su carrera de grado y regresan a su país de origen una vez egresados de la universidad nacional.

Sería importante que el Estado estudiara la posibilidad de solicitarles algún tipo de contraprestación en materia de servicios, a los fines de que contribuyeran con el ejercicio de su profesión, ayudando a los ciudadanos argentinos que a través del pago de sus impuestos posibilitaron su formación académica.

De esta forma, lo que hoy parece ser un beneficio unilateral, se extendería a todos los actores involucrados: los egresados extranjeros, las universidades nacionales y la sociedad argentina en su conjunto.

Por supuesto, son cuestiones que el Gobierno nacional y las casas de altos estudios tendrán que analizar e investigar en mayor profundidad para que los estudiantes internacionales, luego de egresar como profesionales de una universidad nacional, puedan contribuir con sus servicios por un determinado tiempo en Argentina.

Anexo

Planillas para realizar el relevamiento sobre alumnos extranjeros en las universidades nacionales.

CANTIDAD DE ALUMNOS EXTRANJEROS DISCRIMINADOS POR TIPO DE PROGRAMA

PROGRAMAS	CANTIDAD	PAIS DE ORIGEN	DURACION TEORICA
Carrera de grado			
Carrera de posgrado			
Materia/s especificas de una carrera (grado/pos grado)			
Cursos de verano			
Cursos / Materias especialmente diseñadas para extranjeros			
Otros			

MODALIDADES DE CERTIFICACION DE LOS ESTUDIOS REALIZADOS

PROGRAMAS	MODALIDAD DE CERTIFICACION
Carrera de grado	
Carrera de posgrado	
Materia/s especificas de una carrera (grado/pos grado)	
Cursos de verano	
Cursos / Materias especialmente diseñadas para extranjeros	
Otros	

DIFICULTADES ENCONTRADAS POR LOS ALUMNOS EXTRANJEROS

TIPOS	SI	NO	BREVE DESCRIPCION
CULTURALES			
INFRAESTRUCTURA			
FORMACION PREVIA			
ADMINISTRATIVAS			
LEGALES			
ECONOMICAS			
OTROS			

SERVICIOS ADICIONALES PRESTADOS U OFRECIDOS POR LA UNIVERSIDAD NACIONAL

CONCEPTO	SI	NO	BREVE DESCRIPCION
ALOJAMIENTO			
SEGUROS			
ALIMENTACION			
RECREACION			
OTROS (INDICAR)			

ARANCELAMIENTO PARA ALUMNOS EXTRANJEROS

PROGRAMA	ARANCEL		
	SI	NO	MONTO EN U$S
Carrera de grado			
Carrera de posgrado			
Materia/s específicas de una carrera (grado/pos grado)			
Cursos de verano			
Cursos / Materias especialmente diseñadas para extranjeros			
Otros			

CUESTIONARIO

INSTITUCIONES		
PREGUNTAS		
¿Hay una oficina central del Rectorado? Nombre de la oficina		
¿Cada Facultad maneja los programas independientemente?		
¿Hay una normativa específica que regula las relaciones institucionales con los alumnos extranjeros?		

Bibliografía

CAMPODÓNICO, Rossana "La AUGM y su contribución a la Integración Regional", Revista Educación y Sociedad, Nueva Época, año 14, nº 1, enero de 2009, UNESCO (IESALC), Gobierno de España, Ministerio de Ciencia e Innovación.

Consumer Eroski, *Revista digital,* España, 2009.

COZZA, Eduardo Néstor y DEI, Héctor Daniel, "La estructura Universitaria y el diseño curricular: el caso del MERCOSUR", en V COLOQUIO INTERNACIONAL SOBRE GESTION UNIVERSITARIA EN AMÉRICA DEL SUR, Mar del Plata, diciembre de 2005.

CESAR, Romeo, Documentos "Contexto Mundial de la Internacionalización Universitaria" (en línea). Dirección URL: http://www.unp.edu.ar, año 2007.

CIVALLERO, Teresa, *Desarrollo Sustentable,* Fondo de Cultura Económica, 1996.

LANDINELLI, Jorge, "La internacionalización como recurso estratégico para la transformación de la Educación Superior", Revista Educación y Sociedad, Nueva Época, año 14, nº 1, UNESCO (IESALC), Gobierno de España, Ministerio de Ciencia e Innovación, enero de 2009.

METCALF y EDDY, *Ingeniería en tratamientos de aguas residuales,* Ed. Mc.Graw Hill.

Microorganismos de los Alimentos 1, ICMSF, Editorial Acribia.

SCIARROTTA, Carolina, *Industrias Culturales. Industrias Editorial y Otras Industrias Culturales Involucradas en la Enseñanza del Español como Lengua Extranjera,* julio de 2005

SIUFI, Gabriela, "Cooperación Internacional e Internacionalización de la Educación Superior", Revista Educación y Sociedad, Nueva Época, año 14, nº 1, UNESCO (IESALC), Gobierno de España, Ministerio de Ciencia e Innovación, enero de 2009.

SIUFI, Gabriela, "Experiencias de convergencia académica en los países del MERCOSUR", Revista *Educación y Sociedad,* Nueva Época, año 14, nº 1, UNESCO (IESALC), Gobierno de España, Ministerio de Ciencia e Innovación, enero de 2009.

SONNET, Fernando H, *Estructura de la Economía Agropecuaria y Forestal en Argentina,* Ed. Atenea, 1996.

Legislación consultada:

Ley 25.871, Ley de Migraciones.

Disposición 20699/2006 Dirección Nacional de Migraciones.

Resolución Ministerial N º 1523/90.

Resolución Ministerial N º 1379/98.

Resolución Ministerial Nº 456/80 Personal de Representaciones Diplomáticas.

Normativa de la UNC- Ordenanza.

Documentos de trabajo:

Normas ISO 9001.

Buenas Prácticas de Manufactura (BPM).

Páginas Web:

http://www.aeci.org.ar

http://www.anuies.mx/c_internacional/pdf/Pautas_JIMA-2007.pdf

Blog "Estudiar Fuera" Argentina un imán para los estudiantes Extranjeros, Consultas realizadas desde diciembre de 2007 hasta abril de 2009, http://www.universia.com.ar.

http://www.cambio.com.co/panoramacambio/807

http://www.criscos.org/PME

http://www.eduargentina.org

http://www.oei.es/pima

http://www.fao.org/DOCREP/U9920T/u9920t09.htm (Organización de las Naciones Unidas para la Agricultura y la Alimentación)

http://www.mendoza.edu.ar

http://www.lavoz.com.ar

http://www.programamarca.siu.edu.ar

http://www.redciun.edu.ar

http://www.alimentacion.enfasis.com/contenidos/home.html (Revista Énfasis Alimentación)

http://www.unc.edu.ar/pri_viejo/oportunidades-para-estudiantes-unc/programa-jima

http://www.udual.org/PAME/

http://www.universia.com

Diarios:

"Argentina: Universidades argentinas, la otra industria sin chimeneas", diario *El Independiente,* marzo de 2006, http://firgoa.usc.es/drupal/node/26575.

Diario *La Mañana de Córdoba,* septiembre de 2008, pág. 24.

GARCÍA BARTELT, Mercedes, diario *La Nación,* febrero de 2009.

GUTIÉRREZ, Asunción, diario *La Nación,* Dirección URL: http://www.lanacion.com/EdicionImpresa/cultura/notaasp?nota_id=984507, febrero de 2008.

SAN MARTÍN, Raquel, diario *La Nación,* marzo de 2004.

SAN MARTÍN, Raquel, "La Argentina, meca de los chefs", diario *La Nación,* agosto de 2006.

SAN MARTÍN, Raquel, "El español atrae estudiantes y negocios", diario *La Nación,* dirección URL: http://www.lanacion.com.ar/nota.asp?nota_id=1013126, (consulta: mayo del 2008).

http://www.lanacion.com.ar/nota.asp?nota_id=779967.

mb!
MoreBooks!
publishing

yes

i want morebooks!

Buy your books fast and straightforward online - at one of world's fastest growing online book stores! Free-of-charge shipping and environmentally sound due to Print-on-Demand technologies.

Buy your books online at

www.get-morebooks.com

¡Compre sus libros rápido y directo en internet – en una de las librerías en línea con más crecimiento acelerado en el mundo! Envío sin cargo y producción que protege el medio ambiente a través de las tecnologías de impresión bajo demanda.

Compre sus libros online en

www.morebooks.es

VSG
VDM Verlagsservicegesellschaft mbH

VDM Verlagsservicegesellschaft mbH
Dudweiler Landstr. 99
D - 66123 Saarbrücken
Telefon: +49 681 3720 174
Telefax: +49 681 3720 1749
info@vdm-vsg.de
www.vdm-vsg.de

MIX
Papier aus verantwortungsvollen Quellen
Paper from responsible sources
FSC® C105338

Printed by Books on Demand GmbH, Norderstedt / Germany